Sicher ist sicher. Bei aller Sorgfalt, die wir in der Recherche haben walten lassen, können sich Öffnungszeiten auch einmal kurzfristig ändern, oder ein Lokal ist gerade in Ihrer perfekten Apulien-Woche ausgebucht oder geschlossen. Darum empfehlen wir, grundsätzlich möglichst weit im Voraus zu reservieren. Ein kurzer Anruf genügt, und Sie können sicher sein, zur vereinbarten Zeit einen Platz zu finden.

für die Süddeutsche Zeitung Edition
in Kooperation mit smart-travelling print UG, Berlin
Reihe „Eine perfekte Woche ...“

Idee und Redaktion: Nancy Bachmann, Nicola Bramigk
Projektleitung: Sabine Sternagel; Projektmitarbeit: Hanna Heim
Texte: Nancy Bachmann, Nicola Bramigk, Sabine Danek
Fotos: Nicola Bramigk
Coverkonzept: Stefan Dimitrov, Lena Mahr
Gestaltung: Cindy Bachmann, Verena Bettin
Illustration und Karte: Rahel Streiff
Lektorat: Gesina Happe, Jens Markowsky
Reinzeichnung: Daniela Mecklenburg
Herstellung: Thekla Licht, Hermann Weixler
Druck und Bindung: Kessler Druck + Medien, Bobingen
ISBN: 978-3-86497-158-7

2. Auflage, 2015

SMART
TRAVELLING

EINE PERFEKTE WOCHE ...
APULIEN

www.smart-travelling.net

LIEBLINGSADRESSEN IN APULIEN

DAS „GOLDENE DREIECK“
Seite 13

1 Hotel:
Borgo San Marco
Contrada Sant'Angelo, 33, Fasano
Tel: 0039 080 4395757
Seite 15

2 Hotel:
Masseria Cimino
Cont. Masciola, Savelletri di Fasano
Tel: 0039 080 4827886
Seite 23

3 Hotel:
Masseria Alchimia
C.P.58, Contrada Fascianello, 50, Fasano
Tel: 0039 335 6094647
Seite 31

4 Restaurant:
Santos
St. litoranea p. Savelletri, Torre Canne
Tel: 0039 080 4827777
Seite 39

5 Restaurant:
Antica Lama
C. da Torre Spaccata 27, Pezze di Greco
Tel: 0039 388 7538717
Seite 45

6 Restaurant:
Il Cortiletto
Via Lecce, 91, 72016 Speziale di Fasano
Tel: 0039 080 4810758
Seite 51

7 Aktion:
Torre Guaceto
Via Piazzetta, 32, 72012 Carovigno-Brindisi, Tel: 0039 0831 989885
Seite 57

VON DORF ZU DORF
Seite 63

8 Hotel:
Trullidea
V. Monte San Gabriele, 1, Alberobello
Tel: 0039 080 4323860
Seite 65

9 Restaurant:
La Cantina
Vico Lippolis, 8, 70011 Alberobello
Tel: 0039 080 4323473
Seite 69

10 Restaurant:
La Taverna del Duca
Via Papatotero, 3, 70010 Locorotondo
Tel: 0039 080 4313007
Seite 73

LIEBLINGSADRESSEN IN APULIEN

11 Bar:
BBeP
Via V. Veneto, 1, 70010 Locorotondo
Seite 79

12 Restaurant:
Osteria Enoteca Cibus
Via Chianche di Scarano, 7, Ceglie Messapica, Tel: 0039 0831 388980
Seite 85

13 Café:
Café Tripoli
V. Garibaldi, 25, 74015 Martina Franca
Tel: 0039 080 4805260
Seite 91

14 Café:
Cremeria History
Via San Quirico, 28, 72014 Cisternino
Tel: 0039 080 4441055
Seite 95

BIO-GOURMET-TOUR
Seite 100

15 Restaurant:
Serragambetta
Via Conversano, 204, 70013 Castellana
Tel: 0039 080 4962181
Seite 103

LIEBLINGSADRESSEN IN APULIEN

16 Restaurant:
L'Antica Locanda
Via Spirito Santo, 49, 70015 Noci
Tel: 0039 080 4972460
Seite 109

17 Café:
Il Super Mago del Gelo
P. Garibaldi, 22, Polignano a Mare
Tel: 0039 080 4240025
Seite 115

18 Restaurant:
Lido Bianco
Via Procaccia, 3, 70043 Monopoli
Tel: 0039 080 2462030
Seite 119

19 Restaurant:
Vini & Panini
Piazza Garibaldi, 35, 70043 Monopoli
Tel: 0039 080 3214392
Seite 123

20 Restaurant:
Osteria Perricci
Via Orazio Comes, 1, 70043 Monopoli
Tel: 0039 080 9372208
Seite 129

21 Aktion:
Ein Shopping-Tag in Bari
Seite 135

LIEBLINGSADRESSEN IN APULIEN

22 Restaurant:
Al Pescatore da Onofrio
P. Federico II di Sevia, 6, 70122 Bari
Tel: 0039 080 5237039
Seite 143

23 Aktion:
Ausflug nach Matera
Seite 147

SALENTO, BAROCK, WEIN, TIEFBLAUES MEER
Seite 151

24 Hotel:
Masseria Montelauro
Località Montelauro, 73028 Otranto
Tel: 0039 0836 806203
Seite 153

25 Restaurant:
Trattoria Le Zie
Via Costadura, 19, 73100 Lecce
Tel: 0039 0832 245178
Seite 159

26 Restaurant:
Doppiozero
Via Paladini, 2, 73100 Lecce
Tel: 0039 0832 521052
Seite 165

☞ Weitere Adressen finden Sie unter www.smart-travelling.net

27 Aktion:
Ein Feuerwerk des Barocks in Lecce
Seite 171

28 Café:
Pasticceria Natale
Piazza Garibaldi, 73016 San Cesario di Lecce, Tel: 0039 0832 202614
Seite 177

29 Aktion:
Stadtbummel in Otranto
Seite 183

30 Aktion:
Ausflug nach Gallipoli
Seite 195

31 Aktion:
Antico Pastificio Benedetto Cavalieri
Via Garibaldi, 64, 73024 Maglie
Tel: 0039 0836 484144
Seite 201

GUT ZU WISSEN
Tipps, Ausflüge, Spaziergänge
Seiten 209–240

PADRE PIO

APULIEN LIEGT IN DER LUFT

Noch ist der Charme des alten Süditaliens mit seinen Traditionen und Ritualen allgegenwärtig. Gleichzeitig befindet sich das junge Apulien, aufgerüttelt durch das Interesse anspruchsvoller Gäste, in regem Wandel. Bars schießen wie Pilze aus dem Boden, nutzen die herrlichen Dächer mit den schönen Panoramen, Restaurants kultivieren die köstlichen regionalen Gerichte, und Bari, die Stadt der Kontraste, hat Neapel und Rom als Shopping-Paradies längst hinter sich gelassen. Ein behutsamer Tourismus hat in den 90ern begonnen, Apulien zu erkunden. Er treibt die Region voran, indem er mehr Geld ins Land bringt, die traditionelle Kultur schätzt, die einfache Küche, das schlichte Landleben – in der stillen Hoffnung, durch seine Anwesenheit nichts zu zerstören, sondern das Land im Sinne von Slow Food zu unterstützen. Wo könnte man das besser als im Geburtsland dieser Bewegung, die auf Genuss und die Maxime „buono, polito e giusto" – gut, sauber und fair – setzt.

In Apulien kann man dieses Credo inmitten jahrhundertealter Olivenbäume leben, von herrlicher Küste, sanften Hügeln, sonnenverbranntem Land und leuchtend rotbrauner Erde umgeben, die daran erinnert, dass Italien einst ein Teil Afrikas war. Noch rollen keine Reisebusse die 800 Kilometer lange Küste entlang, wird das Mittagsschläfchen unbeirrt zelebriert – und die Kultur hingebungsvoll gehütet. Von den traditionellen Festen und Prozessionen bis hin zu überschwänglichen Barockpalästen, lustigen, zipfelbedachten Trulli, eindrucksvollen Felsensiedlungen, Kirchen und Kastellen. Mit Stilgefühl werden einstige Masserien zu Hotels herausgeputzt und die regionale Küche mit Stängelkohl, runden Gurken und Zichorie bewahrt – und verfeinert.

DAS „GOLDENE DREIECK“

Das „goldene Dreieck“ zwischen Fasano, Ostuni und Torre Canne hat sich schnell zur exklusivsten Ecke Apuliens entwickelt. Die einst verlassenen Masserien, die zwischen jahrtausendealten Olivenbäumen stehen, haben sich in den letzten zehn Jahren in anspruchsvolle Hotels verwandelt. Die wichtigsten Städtchen Fasano und Ostuni befinden sich zwar noch im Tiefschlaf, doch es herrscht überall Aufbruchsstimmung. Die Chancen und Möglichkeiten, auf die Bedürfnisse des neuen Individualtourismus einzugehen, sind allerdings lange nicht ausgeschöpft, und oft scheint man noch nicht zu verstehen, warum Neonlicht und Klimaanlage im Restaurant mit Meerblick nicht gut ankommen. Am schönsten ist es, die abwechslungsreiche Küste und das flache Land mit seinen altehrwürdigen Olivenhainen und farbenfrohen Gemüsefeldern per Fahrrad zu erobern, das fast jedes Hotel seinen Gästen bereitstellt. Überhaupt sind die Hotels und Agritourismen der Region ideal für einen längeren Aufenthalt, während dessen man sternförmig in die anderen Teile Apuliens ausschwirren kann.

BSM

BORGO SAN MARCO

Die Atmosphäre, die in der Masseria Borgo San Marco herrscht, ist in keinem anderen Gutshotel zu finden. Alle Zimmer sind unterschiedlich eingerichtet, überall stehen schöne Einzelstücke, und hier und da wurde im Laufe der Zeit stilsicher etwas hinzugefügt. San Marco ist ein stimmig gewachsener Ort, und das spürt man auch. Morgens empfängt die warmherzige Lena jeden Gast und kümmert sich rührend um alles. Im Sommer ist die Terrasse, die in einem der vielen Höfe liegt, der perfekte Ort, um morgens die süßen Feigen mit frischem Ricotta und einem Cappuccino zu genießen. Wer Voll- oder Halbpension gebucht hat, kann sich auf eine leichte Sommerküche mit vielen Produkten aus dem eigenen Garten freuen. Überhaupt ist das ganze Gelände der Masseria eine kleine Oase. Es gibt einen uralten Limonengarten, einen großzügig angelegten und üppig umwachsenen Pool, eine kleine Kirche und eine Anlage berühmter Grotten, die mit wunderschönen Fresken ausgemalt sind und für die Gäste auf Wunsch geöffnet werden. Im November und Dezember kehrt die Masseria ganz zu ihren Wurzeln zurück. Dann produziert Alessandro Amati, Besitzer des San Marco, sein eigenes Olivenöl, und alles dreht sich um die Ernte und das grasgrüne junge Öl – Olio nuovo! Hinweis: Wenn Sie früh auschecken, müssen Sie schon am Abend vorher bezahlen, denn die Rezeption ist erst ab 9.00 Uhr besetzt.

1 Borgo San Marco Adresse: Contrada Sant'Angelo, 33, 72015 Fasano
Tel: 0039 080 4395757 Internet: www.borgosanmarco.it
Preise: DZ ab 160 Euro

☞ Grotten

Eine Besonderheit der Masseria Borgo San sind die Rupestri, die zahlreichen Grotten, die man auf Wunsch besichtigen kann. Der Hausmeister begleitet Sie mit einer Wassersprühflasche, um mithilfe der Feuchtigkeit die wunderschönen frühchristlichen Fresken besser sichtbar zu machen. Nehmen Sie es mit Humor, wenn der Hausmeister etwas unbeholfen ruppig erscheint. Er hat nie gelernt, mit Gästen umzugehen, aber meint es wirklich gut mit Ihnen.

MASSERIA CIMINO

In der Masseria Cimino wird der Traum vom komfortablen und geschmackvollen Landleben, das alle Sinne anspricht, wahr. Das ausgezeichnete Frühstück streichelt den Gaumen mit selbst gebackenem Kuchen, der Duft von wilden Kräutern und der Geruch des Meeres umschmeicheln das Näschen und die üppige Dekoration aus Strauchtomaten und Kaktusblättern das Auge. Das köstliche Abendessen mit viel regionalem Gemüse wird als Buffet angeboten, sodass jeder seine Portion selber dosieren kann. Selbst Kleinigkeiten, wie die Knöpfe der Toilettenspülung, sind aus Holz ersetzt worden, um das Bild einer ursprünglichen Masseria zu wahren. Das Cimino ist ein Ableger der noblen Masseria San Domenico und profitiert in puncto Service und Professionalität von seinem großen Bruder. Das Publikum ist eher etablierter und Golf-interessiert, denn das erste Loch liegt nur wenige Meter entfernt. Auf Fahrrädern, die den Gästen zur Verfügung stehen, kann man stundenlang auf den kleinen Arbeitswegen und durch die Olivenhaine radeln, die das „goldene Dreieck“ zwischen Egnazia, Fasano, Ostuni und Marina di Ostuni durchziehen. Ab und zu schnauft ein Traktor oder eine dreirädrige Ape vorbei, oder man sieht einen Bauern, der mit seinem Hund unter einem Feigenbaum dösend der Mittagshitze zu entfliehen versucht.
Tipp: Cimino ist auch eine gute Wahl im Winter, weil die Masseria gut beheizbar und sehr gemütlich ist.

2 Masseria Cimino Adresse: Contrada Masciola, 72010 Savelletri di Fasano
Tel: 0039 080 4827886 Internet: www.masseriacimino.com
Preise: DZ ab 220 Euro inkl. Frühstück und Abendessen

☞ Don Luigi

Das Don Luigi spielt als Bed & Breakfast auf höchstem Niveau. Mit einem wunderschönen Pool, der weich wie ein Sandstrand angelegt ist, und dem Limonaio, in dem es sich unter duftenden Zitronenbäumen herrlich entspannen lässt, bietet die Masseria alles, was Ferien perfekt macht. Die Zimmer sind schlicht und stimmig eingerichtet, im großzügigen Aufenthaltsraum mit Sofa und Kamin kann man am Abend noch gemütlich mit anderen Gästen zusammensitzen. Das Frühstück mit frischem Mozzarella, saftigem Schinken und gutem Obst wird im ehemaligen Stall serviert, wo sich in den Futtertrögen charmant Tassen und Teller verbergen.

Adresse: Contrada Coccaro, 72015 Savelletri di Fasano
Tel: 0039 080 4426578, Internet: www.masseriadonluigi.it
Preise: DZ ab 130 Euro inkl. Frühstück

MASSERIA ALCHIMIA

MASSERIA ALCHIMIA

Erfrischend anders! Caroline Groszer hat sich bewusst gegen den typischen Landhaus-Look der Hotel-Masserien und für einen modernen Stil entschieden. Klassiker von Vitra schmücken die edlen Apartments, von denen jedes mit einem voll ausgestatteten Kochschrank bestückt ist. Alles ist vorrätig, um sich Kleinigkeiten und sein Frühstück, das hier nicht serviert wird, selbst zuzubereiten. Die neuesten Designermodelle von Duravit veredeln die Badezimmer, die Böden sind ganz modern in Estrich gehalten und fügen sich mit der geradlinigen Architektur zu einem harmonischen Bild zusammen.

Die Deutsch-Schweizerin ist schon immer auf der ganzen Welt zu Hause gewesen und gehörte mit ihrem ehemaligen Service Trulli Bed & Breakfast zu den Pionieren der Gegend. Sie hat genau zur richtigen Zeit das Vakuum und die Bedürfnisse internationaler Gäste erkannt, die sie seit 2008 in ihrer wunderschönen Masseria um sich schart. Caroline ist die perfekte Networkerin, handelt für ihre Gäste Spezial-Deals an ausgesuchten Stränden wie Guna-Beach oder bei Santos aus, sie kennt die besten Restaurants und Trattorien, die sie mit großer Freude für ihre Gäste reserviert, und stellt ihnen auf Wunsch auch gleich noch ein ganz individuelles Apulien-Programm zusammen.

Tipp: Wer in der Nebensaison kommt, kann zu sehr günstigen Preisen in der Masseria Alchimia wohnen.

3 Masseria Alchimia Adresse: C.P.58, Contrada Fascianello, 50, 72015 Fasano
Tel: 0039 335 6094647 Internet: www.masseria-alchimia.it
Preise: DZ ab 115 Euro, in der Nebensaison 69 – 79 Euro

Ein Gespräch mit Caroline Groszer

Inhaberin der Masseria Alchimia

Was hat dich als Deutsch-Schweizerin nach Süditalien geführt?

Eigentlich der ganz persönliche Wunsch, ein Ferienhaus im Süden zu haben – für mich und meine Familie. Und dann wurden es immer mehr Freunde und Freundesfreunde, die kamen und bleiben wollten. Da wusste ich, dass ich daraus was Größeres machen wollte.

Wie hast du diese wunderschöne Masseria gefunden?

Damals habe ich noch in einem Trullo gelebt und gezielt nach einer Masseria gesucht. Ich habe mir sechs Monate von morgens bis abends Häuser angeschaut, kannte alle Immobilienmakler der Gegend. Als ich dieses Haus gesehen habe, wusste ich nach fünf Minuten: Das ist es! Es war Liebe auf den ersten Blick.

Was liebst du an Apulien?

Das gute Wetter, ich mag keinen Regen. Und das Essen. Man kann hier nie schlecht essen. Die freundlichen Menschen, die immer ein Lächeln im Gesicht haben. Den Bauern gleich um die Ecke zu haben, von dem ich selbst gebackenes Brot und Käse bekomme zu guten Preisen, das heißt für mich Lebensqualität.

Fehlt dir manchmal das urbane Leben?

Man kommt hier gut weg. Wir liegen zwischen zwei internationalen Flughäfen, darüber fühle ich mich mit der Welt verbunden. Wenn mir danach ist, fliege ich einfach mal ein Wochenende nach Berlin oder mit meinem Sohn ein paar Tage nach New York.

☞ Caseificio Lamapecora

Das Lamapecora liegt etwas versteckt, doch die Suche lohnt sich. Die vielen Kunden, die sich in dem kleinen Hofladen drängeln, sprechen für sich selbst. Denn hier gibt es den besten Ricotta, Mozzarella und Burrata der Region.

Masseria Lamapecora
Adresse: Savelletri di Fasano
(von der Masseria Alchimia kommend am Tor rechts abbiegen,
dann in die zweite Straße rechts fahren)

Masseria Monte

Kistenweise werden in einer Art Garage biologisches Gemüse und Obst in allen Varianten präsentiert: Tomaten, Trauben, Zucchini in unterschiedlichen Formen, es gibt fast alles direkt vom Feld. Dazu werden noch eingelegte Gemüse und Kapern, Olivenöl und frisches Brot angeboten. Auch während der Mittagspause ist immer jemand im Laden, somit ideal für alle, die Apartments gemietet haben.

Adresse: Azienda Agricola dei Fratelli Ricupero
C. da Fascianello, 48, 72015 Fasano
(am Tor links, eine Minute mit dem Auto von Alchimia)
Tel: 0039 338 9759183
Öffnungszeiten: 9.30 – 12.30 Uhr und 16.00 – 20.00 Uhr

SANTOS

Zum Glück hat die Familie Santorsola verstanden, was dieser Küste oft noch fehlt. In ihrem kleinen, persönlich geführten Restaurant, in dem alle an einfachen Holztischen und unter einem simplen Sonnendach sitzen, umweht einen einzig der Sommerwind – mit klarem Blick aufs Meer. Keine Klimaanlage surrt, keine gefärbten Panoramascheiben trüben die Sicht, und Plastikstühle und altrosa Tischdecken gibt es hier auch nicht. Warum ist das bloß so selten? Das schlichte Ambiente hat der charmante Fabrizio mit sicherem Händchen und ein paar Sonnenliegen, Liegestühlen und netten Details noch schöner gemacht, und so kann er sich an lauen Sommerabenden vor den Scharen illustrer Gäste kaum retten.
Die Küche ist griechisch mit ein paar italienischen Varianten. Bestellen Sie schlichte Vorspeisen wie das köstlich rauchige Auberginenmus, Tsatsiki oder Hummus, auch der erfrischende Oktopus-Kartoffel-Salat mit Minze ist köstlich, und zum Hauptgang lohnen sich der gegrillte Fisch, die Calamari oder Würstchen und Fleisch vom Grill.
Tipp: Dank Wi-Fi, Community-Tables und Limonen-Granita ist Santos auch der perfekte Ort, wenn man tagsüber mal am Laptop arbeiten muss.

4 Santos Adresse: Strada litoranea per Savelletri, Torre Canne
Tel: 0039 080 4827777 Internet: www.latavernadisantos.it
Öffnungszeiten: Winter: 13.00 – 16.00 Uhr, Sommer auch 20.00 – 24.00 Uhr, Beach 9.00 – 19.00 Uhr Preis für Liege und Schirm: 12 Euro

SANTOS
SANTOS

ANTICA LAMA

Verwunschen, hinter hohen Mauern mit einer winzigen Tür, verbirgt sich eine üppig angelegte Oase mit Laubengängen, unter denen man in den Sommermonaten wunderschön draußen essen kann. Es ist so herrlich friedlich und das ganze Gegenteil zu dem wuseligen Gassentreiben in den Orten und an der Küste entlang.

Mit viel Gespür und Stil wurde ein besonderer Ort geschaffen, der mit keiner der Masserien in der Umgebung vergleichbar ist. Im Winter ist das Antica Lama, dessen Gewölbe ebenso einladend wie erdig natürlich umgebaut wurden, nicht weniger zu empfehlen, sodass man den Sommer kaum vermissen wird.

Auch das Küchenkonzept ist innovativ. Der Kellner präsentiert die zahlreichen Pasta-Varianten, bevor sie gekocht werden, auf einem Teller am Tisch, um den Gästen geduldig die Herkunft und die Zusammensetzung der Pasta zu vermitteln. Die Sugos dazu sind köstlich, nur noch zu toppen von dem frittierten Gemüse, das Sie, Pasta hin oder her, nicht verpassen sollten. Sie können in diesem Kleinod auch wohnen.

5 Antica Lama Adresse: C. da Torre Spaccata 27, 72010 Pezze di Greco
Tel: 0039 388 7538717 Internet: www.anticalama.it
Öffnungszeiten: Mittwoch – Montag, Dienstag geschlossen

IL CORTILETTO

Wenn man nicht wüsste, was sich hinter der schlichten Tür verbirgt, würde man durch Speziale brausen und hätte einen der charmantesten Höfe verpasst. Pasquale Laneve und seine Frau Katharina haben genau die Mischung erschaffen, die wir alle lieben: eine schlichte, moderne, authentische und dennoch einfache Trattoria mit griechischen Tavernen-Stühlen und senffarbenen Papiertischdecken auf weißen Holztischen. Er sagt selber: „Wir haben eine Lücke zwischen der Küste und den Bergen geschlossen." Der Insidertipp, seit 2009 geöffnet, hat sich sofort in den anspruchsvolleren Masserien herumgesprochen, und so trudelt hier besonders abends eine sympathisch lässige Mischung von Reisenden, aber auch Einheimischen, die den „Cortile" in ihr Herz geschlossen haben, ein. Das Herzstück des Hofes ist der Grill, an dem Pasquale das Fleisch aus der Region schneidet, klopft und mit Kräutern und Öl grillt. Unsere Favoriten sind die Vorspeisen, die, danach muss man fragen, sinnlicher in Gemeinschaftsschüsseln gereicht werden, andernfalls bekommt jeder seinen Vorspeisenteller einzeln serviert. Das ist nur der halbe Spaß. Fragen Sie unbedingt nach dem Purea di fave, dem Bohnenmus, oder lassen Sie sich einfach überraschen, was kommt. Für eine Pasta ist dann kaum noch Platz, nur als kleine Warnung im Voraus.

6 Il Cortiletto Adresse: Via Lecce, 91, 72016 Speziale di Fasano
Tel: 0039 080 4810758 Öffnungszeiten: Dienstag – Sonntag 12.30 – 14.45 Uhr
und 20.00 – 24.00 Uhr, Montagmittag geschlossen,
November – März: Sonntagabend und Montag geschlossen

TORRE GUACETO

An einem besonders schönen Küstenstreifen erstreckt sich über sieben Kilometer das maritime Naturschutzgebiet Torre Guaceto. Glasklares türkisblaues Wasser plätschert an den Strand, Dünen schlängeln sich sanft die Küste entlang und gehen in alte Olivenhaine über, die von den hier so typischen, geschichteten Steinmauern durchzogen sind. Immer im Blick: der namensgebende Küstenwachturm Torre Guaceto, den die Aragoner Anfang des 16. Jahrhunderts bauten, um türkische Angreifer rechtzeitig zu sichten.

Der dazugehörige Strand zählt zu den schönsten Badebuchten mit wunderbar klarem Wasser, feinem Sand und einigen Liegen zum Ausleihen. Es gibt eine kleine Bude mit Getränken, Bio-Eis und Chips, ein Picknick muss man selber mitbringen. Der Strand ist besonders außerhalb der Hochsaison traumhaft schön. Wer in der Hochsaison im Juli/August einen Liegestuhl in Wassernähe möchte, muss schon vor 10 Uhr dort sein. Die Unterwasserwelt kann mit geführten Touren erkundet werden, an Land bietet sich das Ausleihen von Fahrrädern an, die an der Station angeboten werden. Am Eingang kann man Obst aus biologischem Anbau kaufen und Räder ausleihen.

7 Torre Guaceto Adresse: Via Piazzetta, 32, 72012 Carovigno Brindisi
Tel: 0039 0831 989885 Internet: www.riservaditorreguaceto.it
Öffnungszeiten: Täglich 9.00 – 13.00 Uhr und 16.00 – 20.00 Uhr
Preise: Liege 4 Euro, Parkplatz 3 Euro

Torre Guaceto

☞ Guna-Beach

Edel und bezahlbar. Noch dazu ist er einer der schönsten, vielleicht sogar der schönste Strandabschnitt zum Baden. Das Meer ist tiefer und zum Schwimmen besser geeignet als am Torre Guaceto, und man kann unbehindert von Felsen ins Wasser gehen. Sehr angenehm sind die Liegen, die auf dem Rasen stehen und von denen Sie den Blick leicht erhöht über die Bucht schweifen lassen können. Cooles, stylishes Publikum.

Adresse: Co. da Apani, 2/A, 72100 Torre Guaceto
Tel: 0039 320 7096630
Internet: www.gunabeach.com

☞ Kypos-Beach

Das lässige „Insider-Bagno“ hinter den Dünen. Wenn der Strand nur etwas breiter wäre ... Leider wird er am Kypos-Beach immer schmaler. Aber die gute Seite daran ist, dass vor Ihrem Liegestuhl gleich das Meer liegt und direkt hinter Ihnen die Dünen beginnen. Der Betreiber des Bagnos sorgt mit seiner Musik, die hauptsächlich um Tom Waits kreist, für die richtige Dosis Hippie-Atmosphäre. Er schart so ein lässiges Publikum um sich, das diesen Strand sympathisch anders macht. Ein Bagno weiter wird es mit einem Beachvolleyballfeld, mehr Eissorten und breiterem Strand etwas vornehmer, aber natürlich ist es dort längst nicht so cool.

Adresse: Auf der Straße von Torre Canne nach Rosa Marina, km 379
Internet: www.kypos.it

Barba
Baffi
e Pellicce

VON DORF ZU DORF

Wie Perlen an der Schnur reihen sich in Apuliens Hinterland kleine Städtchen und Dörfer aneinander: das wunderbar gemächliche Ceglie di Messapica mit seiner guten regionalen Küche, das quirlige Cisternino mit kleinen Cafés und internationalen Gästen, das elegant verträumte Martina Franca, das kalkweiße Locorotondo und das niedlich verspielte Alberobello.

Jedes Örtchen hat etwas anderes Schönes zu bieten – von der Leichtigkeit des Seins und der „gioia della vita" bis hin zu Barockarchitektur und einzigartigen Zipfeldachhäusern, die 1996 von der UNESCO zum Weltkulturerbe erklärt wurden. Auf den pittoresken Marktplätzen schlendern alte Männer Arm in Arm in langjährig eingeübtem Rhythmus in die frühen Abendstunden hinein. In den Türeingängen schlummern Hunde, und selbst das Mittagsschläfchen scheint sich hier in die Länge zu ziehen.

Es ist eine Freude, auf kleinen Landstraßen von Dorf zu Dorf zu zockeln, unterwegs immer mal wieder eine Rast einzulegen – ob an Olivenhainen, Weinbergen oder Hügeln mit herrlichen Aussichten ins Itria-Tal – und sich von der Vielfalt überraschen zu lassen.

TRULLIDEA

Wohnen im Trullo! Das Hotel mit 25 Häuschen, die über die Altstadt verstreut sind, bietet ultimativ-authentisches Trulli-Gefühl. Die originalen Bauten sind schlicht und geschmackvoll renoviert, manche haben eine Galerie, andere eine Terrasse, alle eine eigene Küche – und eine gehörige Portion individuellen Charmes.

Aber auch sonst sind die Hotelbesitzer, Dino Barnaba und seine Tochter Margo, umtriebig, bieten Fahrräder zum Mieten an, Gruppen- und individuelle Fahrradtouren und sogar eine Rundreise auf dem Drahtesel. Sie dauert eine Woche und ist 340 Kilometer lang, führt nach Ostuni, Gallipoli, Santa Maria Leuca, Otranto bis nach Lecce, von wo man mit dem Auto nach Alberobello zurückgebracht wird. Im Preis von 650 Euro sind der Gepäckservice und die Unterkunft in hübschen Bed & Breakfasts enthalten. Sein Frühstück, das im Zimmerpreis mit inbegriffen ist, kann man in der nahe gelegenen Bar Tropical einnehmen.

Will man Alberobello etwas abseits der Touristenpfade genießen, empfiehlt Dino Barnaba einen Kochkurs in der Casa Nova.

8 Trullidea Adresse: Via Monte San Gabriele, 1, 70011 Alberobello
Tel: 0039 080 4323860 Internet: www.trullidea.it
Preise: DZ ab 99 Euro ink. Frühstück Fahrradverleih: 15 Euro pro Tag, 20 Euro mit Roadmap, 100 Euro mit Führer

LA CANTINA

Alberobello, die Hauptstadt des Itria-Tals, ist gleichzeitig die Hochburg der Trulli, jener putzigen, weißen Zipfelmützenhäuschen, die heute gleich scharenweise Touristen anlocken. Dennoch lohnt sich ein Gang, denn nirgendwo sonst stehen so viele der Häuschen auf so engem Raum. Aber auch, um sich den kulinarischen Köstlichkeiten der Cantina Alberobella hinzugeben, die im Herzen der Altstadt liegt.

Die Küche der Osteria ist vom Restaurant nur durch eine Anrichte getrennt. Schließlich muss die Familie Lippolis nicht verstecken, welche traditionellen Köstlichkeiten sie hier seit 18 Jahren zaubert.

Am Herd stehen Francesco und seine Gattin Laura, den Service bestreitet Bruder Gianni. Auf karierten Tischdecken und Tellern, die, ohne dem Kitsch zu verfallen, mit kleinen Trulli bemalt sind, serviert er wunderbar frisch schmeckende Friselle di menta e zucchini, selbst gemachte Pasta mit rohen Zucchini-Streifen und gekochtem Zucchini-Sugo. Ebenfalls ein Gedicht: Stromato di verdure, das Bittergemüse Cicoria mit Parmesan und Mozzarella und die Orecchiette integrali, die mit Fiore di zucca, Zucchiniblüten, und Pancetta auf den Teller kommen. Alle Gerichte können problemlos geteilt werden – auch damit anschließend noch Platz für das göttliche Schokoladen-Soufflé ist.

9 La Cantina Adresse: Vico Lippolis, 8, 70011 Alberobello
Tel: 0039 080 4323473 Internet: www.ilristorantelacantina.it
Öffnungszeiten: Mittwoch – Montag 12.30 – 13.30 Uhr und 20.00 – 23.00 Uhr, Dienstag geschlossen

La

antina
obello

AVERNA DEL DUCA

LA TAVERNA DEL DUCA

Die malerischen Straßen des Städtchens winden sich kreisförmig bis zur Spitze eines Hügels hinauf und gaben Locorotondo seinen Namen „runder Ort". Geht man die weiß gekalkten Straßen entlang, kommt man immer wieder in den Genuss herrlicher Ausblicke ins Itria-Tal – sieht Felder, Plantagen, Olivenhaine und Trullo-Häuschen, so weit das Auge reicht.
In einem kleinen Gässchen unweit des Marktplatzes kann man nicht nur wunderbar lauschig sitzen, sondern auch eines der besten Fave cicoria, Bohnenpüree mit Bittergemüse, genießen. Haben Sie Glück, werden Sie von der Besitzerin Antonella höchstpersönlich bedient, die unermüdlich zwischen Herd und Tischen hin und her hastet, sich aber immer Zeit für ein paar Empfehlungen nimmt.
Ihre Karte, die so klein wie die Trattoria selbst, aber völlig ausreichend ist, bietet gute bäuerliche Küche mit Fleisch und Gemüse der Saison, die sie jeden Morgen auf dem Markt in Polignano einkauft. Zu den rund zehn Gerichten, die alle frisch zubereitet werden, gehören Antipasti, Pasta-Klassiker und Dolci – natürlich hausgemacht.
Drinnen überraschen erfrischend modernes Design, mit bunten Gläsern auf den Tischen, ein Community Table im hinteren Raum und die offene Küche.

10 La Taverna del Duca Adresse: Via Papatotero, 3, 70010 Locorotondo
Tel: 0039 080 4313007 Öffnungszeiten: Im Winter am Samstag geschlossen

BBeP

BARBA BAFFI E PELLICCE

Schon das Logo ist so sympathisch, dass man eigentlich bereits weiß, dass die Besitzer so lustig und offen sind wie ihr Konzept. Erkennen kann man sie dank Logo auch schnell. Zwei bärtige Brüder, Luciano und Salvatore Patronelli, die sich Europa angeschaut haben und Lust hatten, in Locorotondo, einem der ursprünglichsten Dörfer, mit ihrer Bar eine gelungene Brücke zwischen Moderne und Tradition zu schlagen. Die Einrichtung ist wirklich auf den Punkt gebracht und zeigt einen innovativen Weg auf, ja, sie macht Hoffnung auf ein bewusstes und weltoffenes Apulien einer jüngeren Generation.
Das Angebot besteht aus lokalen Weinen, die hauptsächlich aus biologischem Anbau stammen, und ausgefallenen Cocktails wie „Botanical Taste" mit Wermut, Gin, Gurke und Pfeffer. Dazu gibt es „Rosetta", ein rundes Brötchen, üppig mit lokalen Zutaten belegt. Alles wird präsentiert in stylishen Verpackungen und serviert auf Holztabletts, die der Onkel für seine Neffen gebaut hat. Sie haben sicher das Potenzial, es bis nach New York zu schaffen. Draußen gibt es ein paar Tische zum längeren Verweilen, doch den Aperitivo mit einer „Rosetta" sollte man an der so einmalig gelungenen Bar aus Holz und Stein nehmen.

11 Barba Baffi e Pellicce Adresse: Via V. Veneto, 1, 70010 Locorotondo
Öffnungszeiten: Mittwoch – Montag 18.30 Uhr – 2.00 Uhr,
Dienstag geschlossen

Barba
Baffi
e Pellicce

OSTERIA ENOTECA CIBUS

Angelo Silibello repräsentiert Slow Food wie kein zweiter Gastronom in Apulien. Sein Restaurant in einem hellen schlichten Gewölbe, das ganz ohne die rustikalen Geschmacksverirrungen vieler Kollegen auskommt, ist eine Oase der anspruchsvollen einfachen Küche mit selten gewordenen Gemüsen. Suppen aus Fave, dicken Bohnen, und Cicoria, Chicorée, saftiges Schwein mit Lampascioni, bitteren Zwiebeln, Semmelbröseln und Pecorino, stehen auf der Karte. Wer das gute Ricotta-Soufflé mit gerösteten Mandeln als Nachtisch nicht mehr schafft, bekommt zu seinem Kaffee die unvergesslichen hausgebackenen Mandelkekse. Aus einer kleinen Bäckerei im Ort stammt das köstliche Brot, zu dem eigene Olivenöle gereicht werden. Seiner Vorliebe für Käse wird Angelo mit einem Käsehumidor gerecht. Nicht zu vergessen auch die ausgesprochen gute Weinkarte, auf der wir über die Jahre viel Besonderes entdeckt haben. Angelos Küchenphilosophie: Das Neue kann nicht ohne das Alte sein. Verliere nicht die Bodenhaftung, achte deine Wurzeln, und du kannst kreativ sein. Die Silibellos sind seit 1952 leidenschaftliche Gastronomen. Seit 1995 betreibt Angelo das Cibus, und genauso lange stehen dort seine Mutter Giovanna und seine Schwester Filomena in der Küche.
Neben der Kochkunst schlägt Angelos Herz heftig für den Jazz. Ab und zu gibt es Konzerte, fragen Sie im Restaurant nach den Terminen.

12 Osteria Enoteca Cibus Adresse: Via Chianche di Scarano, 7, 72013 Ceglie Messapica Tel: 0039 0831 388980 Internet: www.ristorantecibus.it Öffnungszeiten: Täglich 12.30 – 14.00 Uhr und 20.00 – 22.30 Uhr, im Winter Dienstag geschlossen

CINZANO
SPUMANTI

CAFÉ TRIPOLI

Seien Sie gewarnt: Eine Granita im Café Tripoli hat Suchtpotenzial. Fängt man erst einmal an, sich den zu Eis gefrorenen Kaffee mit der wunderbar cremigen Sahne auf der Zunge zergehen zu lassen, möchte man sofort auch die beiden anderen Sorten, Mandorla, mit Mandeln, und Limone, die Zitronenvariante, probieren. Eine kalorienreiche Sünde, die man in der kleinen historischen Bar von 1911 unter ihren großen Spiegeln und goldenen Verzierungen oder draußen auf der Terasse begehen kann.
Anschließend bietet sich ein Spaziergang durch das barocke Städtchen an, das elegant auf einer Hügelkupppe am Rande des Itria-Tals thront. Die Piazza Maria Immacolata ist von einem sanft geschwungenen, traumhaft schönen Kolonnadengang eingefasst, wie man ihn wirklich selten sieht, und auch in den verwinkelten Gassen, die den Stadtkern durchziehen, kann man gar nicht aufhören, über die prunkvoll verzierten Portale und Fensterrahmen, verspielten Balkone und Skulpturen, die ins Mauerwerk eingearbeitet sind, zu staunen. Immer wieder führt der Weg auch an pittoresken Plätzen vorbei. Einer der schönsten: die Piazza Roma mit Springbrunnen und Palmen. Reisen Sie im Sommer an, können Sie in Martina Franca eine der zahlreichen Aufführungen der Opernfestspiele des Itria-Tals besuchen.

13 Café Tripoli Adresse: Via Garibaldi, 25, 74015 Martina Franca
Tel: 0039 080 4805260 Öffnungszeiten: 7.00 – 13.30 Uhr und 15.00 – 22.00 Uhr (im Sommer bis 2 Uhr)

DI MANDORLA

CAFFE TRIPOLI

SORBETTERIA
CAFFÈ TRIPOLI
GELATI ARTIGIANALI
GRANITE
FOCACCIA
RUSTICI
SEMIFREDDI
MIGNON GELATO
SPUMONI
PANINI ASSORTITI
TORTE GELATO
MOUSSE

MOAK

CREMERIA HISTORY

Cisternino ist eine Ausgehstadt. Nirgendwo sonst in der Gegend kann man jeden Abend so viele Menschen auf den Straßen flanieren und auf den Plätzen essen sehen, denn überall locken köstliche Fornelli, Fleischer, die vor Ort grillen, Pizzabäcker und apulische Spezialitäten. Der kleine sympathische Ort hat sich auch zum Hotspot internationaler Gäste auf der Suche nach einer Internetverbindung entwickelt. Mit ihren Laptops sitzen sie in der Cremeria History, genießen den endlosen Blick ins Itria-Tal und schlürfen dabei glücklich eine Granita di limone oder einen Kaffee.

Die Kombination aus Wi-Fi, guten Granitas und einer herausragend cremigen Ricottatorte, einer feineren Verwandten des Käsekuchens, lässt die Stunden am Computer köstlich verstreichen. Die Atmosphäre ist sonst nirgendwo so kosmopolitisch wie in diesem Café. Im Winter zeigt sich ein anderes Bild, die Bar im ersten Stock wird zum Treffpunkt der Jugend, und an der kleinen Bar unten genießen die Einwohner ihr Frühstück.

Am Montag findet in der Altstadt ein Wochenmarkt statt, der nicht, wie so viele andere mittlerweile, an den Ortsrand verlagert wurde.

14 Cremeria History Adresse: Via San Quirico, 28, 72014 Cisternino Tel: 0039 080 4441055 Öffnungszeiten: Täglich 7.00 – 24.00 Uhr, im Winter Mittwoch geschlossen

☞ 110 Cavalli Mozzarellabar

In Apulien sind Caseificios, Milchläden, so zahlreich vorhanden wie bei uns Bäckereien. Da ist diese moderne Bar für Mozzarella einfach schlüssig. Doch neben der Frischkäse-Köstlichkeit aus Büffel- oder Kuhmilch lieben wir die frisch gepressten Säfte noch viel mehr. Pur ohne Alkohol oder als Super Energy Cocktail werden sie in der schrägen Bar, die man eher in Berlin vermuten würde, mit viel Zeit, Liebe und aus biologischen Zutaten zubereitet. Die Säfte können Sie auf dem Plateau mit Sicht über das ganze Tal genießen.

Adesse: Via San Quirico, 24, 72014 Cisternino
Tel: 0039 348 8534811 oder 0039 080 4441055
Öffnungszeiten: Täglich ab 18.00 Uhr

BIO-GOURMET-TOUR

Lange hat man im Süden Italiens vor allem auf das perfekte Aussehen des Gemüses Wert gelegt. Die Tomaten mussten prall und makellos sein, der Fenchel möglichst groß und die Zucchini leuchtend grün. Doch mittlerweile hat das Slow-Food-Credo „gut, sauber und fair" auch in Apulien seinen Einzug gehalten. Die Bauern haben auf die Ansprüche des europäischen Marktes reagiert und besinnen sich wieder auf den Anbau regionaler Spezialitäten, traditionelle Weiterverarbeitungsmethoden und schadstofffreien Anbau. Während Italiens größte Biofirma „La Selva" in der Toskana sitzt, hat man sich in Apulien vor allem auf seine eigenen Wurzeln besonnen – auf Orecchiette integrale, Vollkorn-„Öhrchennudeln", auf regionale Gemüse wie Cime di rape, Stängelkohl, oder Pomodori della regina, Wintertomaten, und auf die hohe Qualität handgepflückter Oliven und Trauben. Kombiniert mit einem modernen ökologischen Bewusstsein ist Bio im Mezzogiorno längst kein Fremdwort mehr. Bioläden sprießen aus dem Boden, Restaurants setzen auf biologisch angebaute Ware, auf saisonales Gemüse und höchste Qualität beim Olivenöl und anderen Zutaten – und das schmeckt man.

SERRAGAMBETTA

Wer sich jemals den perfekten Bilderbuchhof mit la Mamma am Herd, herzlichen Umgangsformen und gemeinsamen Tischrunden in unverfälscht-lebendiger Atmosphäre ausgemalt hat – im Serragambetta wird der Traum Wirklichkeit. Es ist einfach herrlich, in die Welt des einfachen Landlebens einzutauchen und seine Sehnsucht nach Landlust im Rhythmus mit den Jahreszeiten auszuleben.
Der Hauptdarsteller hier ist Domenico Lanera, ein italienischer Hippie, verbindlich und integrativ. Er kümmert sich um den biologischen Anbau des Gemüses, den Einkauf und um die Gäste. Zia Nina, seine Mutter, kocht in ihrer schönen alten Bauernküche für die Abendrunde, und vom Esstisch aus kann man sie gut dabei beobachten. Ein unvergesslicher Gemüsebrei und andere wunderbar einfache Gerichte werden zum Abendessen aufgetragen. Zum Frühstück gibt es natürlich selbst gebackenes Brot und hausgemachte Marmelade. Man plaudert mit den Gästen, tauscht sich aus, schmiedet Pläne und möchte nie wieder weg. Eine wirklich einzigartige Erfahrung aber ist der Pasta-Kurs, in dem Gina und Angelina charmant und liebevoll ihre Fähigkeiten weitergeben. Diese zu erlernen ist nicht so leicht wie gedacht, Orecchiette können wir noch lange nicht machen, aber unsere Cavatelli, Reiterstiefelchen, konnten sich schon sehen lassen.

15 Serragambetta Adresse: Via Conversano, 204, 70013 Castellana (1,5 km hinter Castellana Richtung Conversano) Tel: 0039 080 4962181 Internet: www.serragambetta.com Preise: DZ pro Person 60 – 80 Euro inkl. Halbpension. Geöffnet von April bis Oktober

甲斐の虎

ARANCE
07-01-2013

L'ANTICA
LOCANDA

L'ANTICA LOCANDA

Die L'Antica Locanda ist wie ein Schlaraffenland. Sie setzen sich an den Tisch, Pasquale Fatalino, Slow-Food-Gastronom aus tiefster Seele, berät Sie rührend, Sie entscheiden sich zum Einstieg für ein paar Antipasti der Region, und sogleich werden die ersten Teller von aufmerksamen jungen Kellnern gereicht. Ab da scheinen die Köstlichkeiten kein Ende mehr zu nehmen: Gemüse in allen Varianten, frittiert, gedämpft, als Flan, im Ofen überbacken, Fleischhäppchen, eingerollt, gehackt, in Tomaten und, und, und – etwas aus dem Meer war auch dabei. Jetzt geht kaum noch etwas, doch es gibt kein Entrinnen: Die Pasta Cavatelli mit Stockfisch und Kichererbsen und die Orecchiette mit Stängelkohl sind im Anmarsch und erfüllen alle Erwartungen. Der Hauptgang in Form von zartem Lamm mit bitteren wilden Zwiebeln ist köstlich, wenn auch eindeutig zu mächtig. Wir empfehlen deshalb, bei der Bestellung zurückhaltend zu sein und sich erst nach den Vorspeisen zu entscheiden, was Sie weiter bestellen. Das Schöne: Im Schlaraffenland ist alles paradiesisch – sogar die Preise. Mittags geht es eher ruhiger zu, kommen Sie am Abend, sollten Sie für einen Tisch auf der lauschigen Terrasse besser reservieren.

16 L'Antica Locanda Adresse: Via Spirito Santo, 49, 70015 Noci
Tel: 0039 080 4972460 Internet: www.pasqualefatalino.it
Öffnungszeiten: Immer mittags und abends, Dienstag und Sonntagabend geschlossen

Ein Gespräch mit Pasquale Fatalino

Besitzer der L'Antica Locanda

Wann haben Sie Ihre Leidenschaft fürs Kochen entdeckt?

1977 habe ich eine Rundreise durch die Emilia-Romagna bis nach Florenz gemacht. Danach wusste ich, dass ich kochen und die Tradition des Essens in meiner Heimat weiterführen wollte. Als ich zurückkam, habe ich erst mal im Hotel Miramonte angefangen, aber irgendwann wollte ich etwas Eigenes machen. Als ich dann vor 20 Jahren die Location hier entdeckte, habe ich mich sofort verliebt.

Wer hat Sie bei den Gerichten inspiriert?

Mein damaliger Küchenchef vom Miramonte und meine Mutter und Großmutter. Und die Jahreszeiten, mit jeder kommt etwas Neues hinzu.
Auch bei der Herstellung bin ich sehr traditionell. Zum Beispiel koche ich Bohnen, Gemüse oder Fleisch in alten Tontöpfen auf niedriger Flamme im Ofen, so wie es früher hier auf dem Land üblich war. Das ist zwar zeitaufwendiger, es schmeckt aber einfach viel besser.

Und woher beziehen Sie Ihre Produkte?

Aus der Region. Ich bin seit zwölf Jahren überzeugter Slow-Food-Anhänger. Am liebsten kaufe ich auf dem Markt oder von kleinen Kooperativen ein. Nur beim Angus-Rind mache ich eine Ausnahme.

Ihr Lieblingsgericht?

Orecchiette mit Tomaten und Kichererbsen. Ich liebe das Einfache.

Il Super Mago del Gelo

Der Ort Polignano a Mare liegt auf halber Strecke zwischen Mola di Bari und Monopoli. Das Städtchen mit seinen knapp 18 000 Einwohnern gehört zu den schönsten Apuliens, scheint aus den Felsen und Grotten herauszuwachsen und wendet sich in dramatischer Schönheit dem Meer zu. Eine elegant geschwungene Freitreppe führt ans Wasser, ein Kiesstrand lädt zum Baden ein – und ein Spaziergang bietet pittoreske Ausblicke. Besonders lohnt sich auch ein Ausflug mit dem Boot aufs Meer, denn von dort lässt sich wunderbar beobachten, wie die schöne mittelalterliche Altstadt mit den Klippen verschmilzt. Die Stadt ist aber vor allem auch berühmt für die köstliche Eiscreme, die an der Piazza nach überliefertem Verfahren hergestellt wird. So einzigartig wie ihr Geschmack ist auch ihr Besitzer, ein leidenschaftlicher Celebrity-Jäger, der auf zahlreichen Fotos mit der lokalen Prominenz posiert. Nicht nur deshalb ist sein Eisladen legendär – auch wegen der herausragenden Qualität und der köstlichen Granita di caffè mit wunderbarer dicker Sahne.
Tipp: Werfen Sie einen Blick in die kunstvoll ausgestattete Pfarrkirche Chiesa Madre, mit Steinaltären und einer steinernen Krippe aus der Renaissance.

17 Il Super Mago del Gelo Adresse: Piazza Garibaldi, 22, 70044 Polignano a Mare Tel: 0039 080 4240025
Internet: www.mariocampanellailsupermagodelgelo.it
Öffnungszeiten: Sonntag – Freitag 5.30 – 1.30 Uhr, Samstag 5.30 – 3.00 Uhr

GELATI SENZA LA
LIMONE, FRAGOLA, MEL
MELA VERDE E GRAN
Coppa

LIDO BIANCO

Die Terrasse des Lido Bianco mit Blick auf das türkisblaue Meer ist im Sommer einmalig. Einige Tische stehen direkt am Hang, und die schlicht-lässige Einrichtung mit den weißen Regiestühlen auf dem Rasen ist an der Küste noch eine willkommene Ausnahme.
Der kulinarische Fokus liegt hier eindeutig auf Fisch. Schon bei der Vorspeise sollte man die rohen Meeresfrüchte, Seeigel und vor allem den rohen marinierten Fisch wählen, der zart und selten so gut wie hier ist. Eine weitere Empfehlung, der Sie folgen sollten, sind die Cozze gratinate, überbackene Muscheln. Bei der Pasta überzeugen die Spaghetti vongole mit Venusmuscheln. Der Patrone und Feinschmecker Graziano Bini liebt nicht nur Fisch, er hat es auch verstanden, diesen in einem geschmackvollen Ambiente zu servieren.Wir empfehlen, rechtzeitig zu reservieren, denn die schöne Terrasse zieht regelmäßig ihr Stammpublikum an, und viele der Gäste kommen extra aus Bari angefahren.

18 Lido Bianco Adresse: Via Procaccia, 3, 70043 Monopoli (auf der Küstenstraße Richtung Capitolo) Tel: 0039 080 2462030 Internet: www.ristorantelidobianco.com Preise: Täglich mittags und abends, im Winter Montag geschlossen

ANNESE
1918

VINI & PANINI

Die Piazza Garibaldi mitten in Monopoli hat auf genau diesen Betreiber mit seinem frischen Konzept gewartet. Hier passt einfach alles zusammen: Ambiente, Produkte und die lässige Stimmung. Franco Pavone hat alles richtig gemacht. Inspiriert von seinen Reisen um die Welt, ist er in seiner Heimatstadt schon nach kurzer Zeit zum Platzhirsch avanciert, eine Rolle, die er bestens ausfüllt, denn mit lebendigen, wachsamen Augen hat er das Bühnengeschehen fest im Blick. Teller mit Bergen von Schinken, Salami und Mozzarella strömen aus dem kleinen Raum und der Küche zu den voll besetzten Tischen, gefolgt von guten Weinen. Viele Gäste stammen aus der Gegend und kommen in großen Runden mit Freunden und Kindern, Touristen sieht man hier wenig.

Wie der Name schon sagt, dreht es sich im Vini & Panini vor allem um die prall mit Schinken, Käse, Salami und Salat gefüllten, gegrillten Brote, die neben Antipasti die beliebteste Wahl sind. Die Präsentation und Stimmung sind auf jeden Fall besonders und kosmopolitisch, dank Franco, der in Monopoli für frischen Wind gesorgt hat und seine Küche mit den reichen Schätzen Apuliens zu verbinden weiß.

19 Vini & Panini Adresse: Piazza Garibaldi, 35, 70043 Monopoli
Tel: 0039 080 3214392 Öffnungszeiten: 12.00 – 15.30 Uhr und 17.15 Uhr – open end

VIN
MARPOL
CORA
PERON

NINI
34

PALMIERI
Maldarizzi

SQUILLACE
X6
21:00
LOPRIORE
X8
22:30
X3

osteria
perricci
2010
routard
2007
routard
2008

OSTERIA PERRICCI

Monopoli, die „einzige Stadt“, wie die Griechen sie tauften, kann vor allem mit seinem Hafenviertel auftrumpfen. Verträumte Gässchen, Torbögen, Madonnen-Schreine und lauschige Plätzchen am Wasser wechseln einander ab. Außerdem läuft dort jeden Abend die Kutterparade ein, beliefert den lokalen Fischmarkt und sorgt dafür, dass Alt-Monopoli für seine Fischtrattorien bekannt ist, die köstlich zubereitete Muscheln und Kraken servieren. Flankiert wird der Hafen von einem Habsburger Kastell und dem Barockdom Madonna della Madia. Der hütet einen besonderen Schatz: ein Madonnen-Gemälde im für die Gegend ganz untypischen Ikonenstil, das einst auf einem Floß ans Ufer der Stadt gespült worden sein soll.
In der Via Orazio Comes findet man das Idealbild einer einfachen Osteria vor – hier stimmt einfach alles. Die alten Räumlichkeiten sind unverändert und schlicht, die Familie steht seit drei Generationen am Herd und präsentiert ausgesuchte, einfache Gerichte, die man nicht wieder vergisst. Und wenn man – selbst nach Jahren – wiederkommt, schmecken sie immer noch genauso gut. Kulinarisches Highlight der Familie Perricci aber sind die Cavatelli ai frutti di mare, Nudelröhrchen mit dem Fischfang des Tages in Tomaten gekocht. Als Vorspeise ist der roh in Zitrone marinierte Tintenfisch besonders zu empfehlen. Unglaublich, dass, egal wie viel Sie essen, die Rechnung selten höher als 25 Euro pro Person ausfällt – inklusive des hauseigenen Weins.

20 Osteria Perricci Adresse: Via Orazio Comes, 1, 70043 Monopoli
Tel: 0039 080 9372208 Öffnungszeiten: Täglich 12.00 – 16.00 Uhr und 19.00 – 23.00 Uhr, Mittwoch und Sonntag 12.00– 16.00

Perricci

7
8
9
10

EIN SHOPPING-TAG IN BARI

Mondäne Alleen und verwinkelte Altstadtgässchen, romanische Kathedralen und glänzende Designer-Tempel, Großstadthektik und ländliche Gemütlichkeit: Ein Besuch der Provinzhauptstadt Bari verheißt Abwechslung pur – untermalt von Meeresrauschen und knatternden Vespa-Motoren. Überquert man die Hauptstraße Corso Vittorio Emanuele II, passiert man gleich mehrere Jahrhunderte. Auf der einen Seite säumen Gucci, Versace und H&M die breiten Einkaufsstraßen, auf der anderen lockt das Centro historico in ein Gewirr mittelalterlicher Gassen. Perfekt, um einen ausschweifenden Shopping-Tag in einem der vielen Altstadt-Restaurants zu beschließen – und sich durch die engen Gassen treiben zu lassen. Dort führt der Weg an den Bassi, den traditionellen Erdgeschosswohnungen, entlang, in die das Sonnenlicht nur durch geöffnete Türen fallen kann, die auch abends nicht geschlossen werden. Und während drinnen einsam der Fernseher plärrt, versammeln sich die Familien vor der Tür. Stühle werden hinausgestellt, Karten gekloppt, es wird das Strickzeug ausgepackt und geschwatzt. Lässig an die Wand gelehnt, schäkern Teenies miteinander, und ein Opa bringt seinem Enkel liebevoll die ersten Schritte bei. Wer sich statt eines Gangs durch die „öffentlichen Wohnzimmer" eher für die weiten Blicke interessiert, kann auf der gewundenen Hafenpromenade flanieren, sich auf einer der vielen Bänke niederlassen und die herrlichen Blicke auf die Stadt und das Meer genießen. Der Weg führt an Baris Fischmarkt vorbei, zur beeindruckenden Kathedrale San Nicola bis hin zum Castello Svevo, der mächtigen Burg des Stauferkönigs Friedrich II.

SALDI

IP

☞ Shopping im Murat-Viertel

Das Murat-Viertel aus dem 18. Jahrhundert ist berühmt für seine prachtvollen Bauten und schnurgeraden, großzügigen Straßen – und heute auch für seine Auswahl an Geschäften. In der Via Sparano da Bari reihen sich Flagship Stores von Louis Vuitton, Gucci, La Terza, Nike, Zara, Zeis und H&M aneinander. Das Culpado führt hochkarätige Marken wie Yamamoto und Mauro Grifoni, House vertritt die Label Bikkembergs, Docksteps, Cult. In der Via Dante Alighieri haben sich Prada, Burberry und Dolce&Gabbana niedergelassen, in der Principe Amadeo Cecilia de Fano. An der Via Argiro liegen Energy, Santamato und die Boutique Miss Baby Asselta, die Missoni, Gucci und Etro führt, während Quadra Schuhe von Costume National, Marc Jacobs und Chloé anbietet. In der Via Cavour gibt es eher jüngere, preisgünstigere Läden, aber auch ein Store von Diesel ist dabei, am Corso Cavour setzt Federico Valastra unter anderem auf Paul Smith.
Für eine Stärkung zwischendurch empfiehlt sich die moderne Pasticceria Al Savoia, beliebte Anlaufstelle in der Neustadt mit einer großen und guten Auswahl an süßem Gebäck, salzigen Snacks, frisch gepressten Säften, Eiscreme, Granitas, Drinks und einem Hauch internationalen Flairs.

Al Savoia
Adresse: Via Calefati, 61/b, 70121 Bari
Tel: 0039 080 5212525, Internet: www.alsavoia.com
Öffnungszeiten: Täglich 6.00 – 24.00 Uhr

MINCUZZI

☞ Travessa Fu Andrea

Haushaltsartikel der alten Art findet man in diesem schönen übersichtlichen Laden: große gewobene Siebe, um Feigen und Nudeln zu trocknen, schlichte Schöpfkellen, massive Schneidebretter, klassische Holzstühle und andere bäuerliche Waren – und allesamt zu wirklich günstigen Preisen.

Adresse: Vallisa, 21, 70122 Bari
Öffnungszeiten: Täglich 8.00 – 13.00 Uhr und 16.00 – 20.00 Uhr, Montagvormittag geschlossen

CASSA

AL PESCATORE DA ONOFRIO

Mit Blick auf das majestätisch erleuchtete Kastell und mit arrivierten Einheimischen am Nebentisch kann man sich in dem lebhaften Fischrestaurant eine nahezu unendliche Abfolge an feinen Vorspeisen auftischen lassen. Serviert von temperamentvollen Kellnern, die die Muscheln schon mal mit großer Geste auf den Tisch hieven und die Köstlichkeit des butterweichen Burratas schwungvoll unterstreichen. Ein Höhepunkt sind die Crudi di mare, eine Platte mit roh belassenen Meeresfrüchten, eine gelungene Begleitung ist der Weißwein Castel del Monte Bianco vom Weingut Torre Vento und erfrischender Abschluss das hausgemachte Zitronensorbet.
Nur Vorsicht: Bei der Vielfalt der Vorspeisen können die Kellner übermütig werden. Sagen Sie vehement Stopp, sonst wird die Rechnung trotz der zivilen Preise schnell sehr hoch. Fragen Sie nach einer detaillierten Quittung – oder machen Sie am besten gleich zu Beginn aus, für wie viel Euro Sie Antipasti essen möchten.

22 Al Pescatore da Onofrio Adresse: Piazza Federico II di Svevia, 6, 70122 Bari
Tel: 0039 080 5237039 Internet: www.ristorantealpescatorebari.com
Öffnungszeiten: Donnerstag – Dienstag 12.00 – 16.00 Uhr und
20.00 – 24.00 Uhr, Mittwoch geschlossen

☞ Terranima

Was wäre unser Leben ohne den Spinatsalat mit Mandeln und Ricotta marzotica aus der Trattoria Terranima? Ihre Slow-Food-Küche verwandelt regionale Produkte in traumhafte Gemüsegerichte wie Crema di piselli, lattuga e menta, eine Suppe aus frischen grünen Erbsen mit Minze. Zum Hauptgang können wir die gefüllten Artischocken und auch die Fleischgerichte wärmstens empfehlen.

Adresse: Via Nicolò Putignani, 215, 70122 Bari
Tel: 0039 080 5219725, www.terranima.com
Öffnungszeiten: Täglich 11.30 – 15.30 Uhr und 18.30 – 23.30 Uhr, Sonntagabend geschlossen

AUSFLUG NACH MATERA

Ein Gang durch die Felsenstadt Matera ist eine einzigartige Reise in die Vergangenheit. Wie die „Mater“, die Ur-„Mutter“ aller Städte, wirkt das Labyrinth aus Höhlenwohnungen, das in die honiggelben Hänge der Schlucht Gravina di Matera gegraben ist. Von der Antike bis 1950 wurden die Häuser, die zu den ältesten der Welt gehören, bewohnt. In vorchristlicher Zeit von Nomaden, die am Schluchtensee rasteten, im frühen Mittelalter von Basilianermönchen, die vor dem Bilderverbot flohen und herrlich ausgemalte Felsenkirchen hinterließen. Heute leben in den Felsenhäusern, die seit 1993 UNESCO-Weltkulturerbe sind und aufwendig renoviert werden, Künstler, Architekten und gut situierte Bürger auf der Suche nach dem Besonderen. Schlendern Sie die Strada di Sassi entlang, die um die Altstadt und um die beiden Sassi-Viertel führt. Das archaischere, Sasso Caveoso, beginnt gleich hinter der Kirche San Pietro Caveoso. Mehrere Touren führen die Gassen und Treppenwege entlang, Schilder weisen den Weg zu den Grottenkirchen Madonna de Idris und Santa Lucia alle Malve und zu dem Konvent Di Sant'Antonio, das tief in den Berg hineinführt und beweist, wie herrlich der Stein in heißen Sommern kühlt. Lösen Sie in einer der Tourist-Informationen ein Ticket, das gleich für mehrere Grotten gilt, und flanieren Sie anschließend auf den steinernen Wegen, die bis in die höher gelegene Neustadt mit ihren Palazzi führen – und genießen Sie dabei die spektakulären Ansichten der sandfarbenen Steinwüste. Einen der besten hat man von der anderen Seite der Schlucht, dem Belvedere. Fahren Sie die A7 Richtung Tarent und folgen Sie den Schildern „Madonna delle Vergini“.

23 Ausflug nach Matera

CANTELE

SALENTO, BAROCK, WEIN, TIEFBLAUES MEER

Der Abwechslungsreichtum des Salento ist faszinierend. Seine geografische Lage allein: Im Osten wird „das Land zwischen den Meeren“ von der Adria und im Westen vom Ionischen Meer umspült. Und was für Landschaften sich auf der Landzunge aneinanderdrängen: Nordwestlich der Provinzhauptstadt Lecce erstreckt sich die Tavoliere di Lecce, eine fruchtbare, blühende Kalkebene, die von Weinstöcken überzogen ist, während sich im Süden karge, leicht aufsteigende Hügel sanft bis zur Landspitze schlängeln. In der sogenannten Murge wechseln sich steinige Felder mit uralten Olivenhainen, mit Feigen- und Mandelbäumen und mit beeindruckenden Kakteen ab, die hoheitsvoll der Hitze trotzen. Hier, auf dem „Absatz des italienischen Stiefels“, von dem man an klaren Tagen bis nach Albanien blicken kann, macht niemand so schnell kehrt. Viel zu faszinierend ist die Architektur, die von massiven romanischen Kirchen bis hin zu Kathedralen in höchster barocker Finesse reicht, von weiß gekalkten Wohnhäusern bis zu überbordend bunt bemalten Fassaden. Ganz zu schweigen von den Weinen, die auf dem leuchtend rotbraunen Boden angebaut werden, den kulinarischen Köstlichkeiten und den endlosen Stränden, die mal verspielt felsig sind oder traumhaft feinen Sand bieten – und kristallklares Wasser, das sanft ans Ufer plätschert. Kein Wunder, dass viele der Fischerdörfer, die malerisch die Küste säumen, sich mittlerweile in Ferienorte verwandelt haben.

MASSERIA MONTELAURO

Die Masseria Montelauro ist in der Gegend um Otranto die Adresse für anspruchsvolle Gäste. Die historische Anlage, eingebettet in das salentinische Hinterland, ist stilsicher hergerichtet, die Lobby zieren gemütliche Sofas und ein Kamin, der Pool fügt sich mondän in die Anlage ein, und den 27 geschmackvollen Zimmern fehlt es an nichts.

Morgens kann man bei einem ausgiebigen Frühstück unter der Schatten spendenden Laube neben dem Gemüsegarten seinen Tag planen. Sie können zum Beispiel ausreiten oder durch die Olivenhaine radeln.

Doch es fällt auch nicht schwer, die Masseria gar nicht zu verlassen, am Pool zu relaxen und sich eine Massage zu gönnen. Mittags steht ein köstliches Buffet (25 Euro) bereit, und abends werden salentinische Köstlichkeiten mit frischen Zutaten aus dem Gemüsegarten serviert. Dann brennen überall im Garten die Lichter und illuminieren das Anwesen aufs Schönste. Bei mehreren Gläsern Negroamaro kann es leicht Nacht werden.

Die Masseria liegt gut zu erreichen nur ein paar Kilometer von der Küste und Otranto entfernt.

24 Masseria Montelauro Adresse: S.P. 358 Otranto – Uggiano
Località Montelauro, 73028 Otranto Tel: 0039 0836 806203
Internet: www.masseriamontelauro.it
Preise: DZ ab 195 Euro inkl. Frühstück

TRATTORIA LE ZIE

Fragt man hier nach der Speisekarte, erwidert Anna Carmela Perrone lachend: „Die bin ich" – und sie beginnt, die Spezialitäten ihres Familienunternehmens aufzuzählen. Taieddha, mit Pecorino und geriebenem Brot überbackene Miesmuscheln, gehören dazu, Melanzane alla parmigiana, Auberginenauflauf mit Parmesan, und als Beilage knackig frische Kartoffeln mit Sellerie und Karotten. Eine so authentische wie ausgefeilte Küche, die immer noch die Einheimischen der Umgebung anzieht. Hinter einer Zeitung vergraben, in ein Buch vertieft oder im Plausch mit dem Tischnachbarn sorgen auch sie für eine lockere und entspannte Atmosphäre. Seit über 40 Jahren gibt es das Restaurant, Anna hat es vor 13 Jahren übernommen und macht in intimer Wohnzimmer-Atmosphäre seither ihre Gäste glücklich. Postkarten, Visitenkarten und Danksagungen, die an den Wänden hängen, und auch Fotos zeugen davon. Eines zeigt Anna mit dem US-Regisseur Francis Ford Coppola, der eines Tages vor der Tür stand und dann immer wiederkam. So frische und hausgemachte, schlichte Speisen bekommt man nicht überall serviert. Sie werden ausschließlich von Frauen zubereitet, das ist Annas Philosophie. Die „viel zu langweiligen Dinge wie Buchhaltung" erledigt der einzige Mann im Restaurant: Annas Gatte Pino. Und auch sonst bleibt alles in „la famiglia": Annas Mutter stellt die getrockneten Tomaten her, der Cousin liefert das fantastische Olivenöl.

25 Trattoria Le Zie Adresse: Via Costadura, 19, 73100 Lecce
Tel: 0039 0832 245178 Internet: www.lezietrattoria.com
Öffnungszeiten: Dienstag – Samstag 12.30 – 14.30 Uhr und 20.00 – 22.30 Uhr, Sonntagabend und Montag geschlossen

Ciceri e Tria (Kichererbsen mit frittierter Pasta)

Für 4 Personen

Aus Mehl und Wasser einen Teig kneten. Den Teig mit dem Nudelholz circa 1 mm dick ausrollen und für einige Minuten trocknen lassen. Mit einem glatten Messer aus dem Pasta-Teig die Tria in der Größe einer Fingerlänge schneiden. Die Hälfte der Nudeln wird in reichlich Olivenöl frittiert, der Rest in der Kichererbsenbrühe gekocht.

Für die Zubereitung der Erbsenbrühe die Kichererbsen am Vorabend in Wasser einweichen. Gut abspülen und mit kaltem Wasser, einem Lorbeerblatt und einer Knoblauchzehe so lange kochen lassen, bis die Erbsen zart sind.

Die Tria in reichlich Salzwasser aufkochen und anschließend kurz in der Erbsenbrühe ziehen lassen. Zum Schluss die frittierten Tria hinzugeben und alles mischen.

Vor dem Servieren die Ciceri e Tria noch mit einem guten Schuss Olivenöl Extra Vergine, etwas Salz und schwarzem Pfeffer verfeinern.

300 g Hartweizenmehl
(Semola de grano duro)
120 – 150 ml Wasser
Olivenöl zum Frittieren
300 g Kichererbsen
1 Lorbeerblatt
1 Knoblauchzehe
100 ml Olivenöl Extra Vergine
Salz, schwarzer Pfeffer

„La Tria“ ist eine kurze Bandnudel, hergestellt aus Hartweizenmehl und Wasser (ohne Zugabe von Eiern), circa 10 cm lang und 1,5 cm breit.

COMPONI
IL TUO
PIC NIC
PICK UP
YOUR HEALTHY
PIC NIC
BASKET
HERE!
10,00€
PASTA ALLA
PANINETO FARCITO
OPEN
DESIGN HOUSE

'00'
DOPPIOZERO

DOPPIOZERO

Ein smartes Ufo einer neuen Zeit hat sich in Lecce niedergelassen. An langen Tischen sitzen die Gäste mit Blick auf den langen Tresen, von dem Pasta, Salate und frische Säfte und Kaffee gereicht werden. Die Produkte sind alle bewusst ausgesucht von anspruchsvollen lokalen Produzenten, die auch unter dem Label Doppiozero angeboten werden. Es gibt Couscous, Insalata di farro, Salat mit Dinkelweizen und Gemüse, gutes Sauerteigbrot, Panini und Pasta.

Besonders ist, dass hier durchgehend geöffnet ist und man zu jeder Uhrzeit einen Salat bekommt oder auch frühstücken kann – so wie wir das aus dem Norden kennen.

Wer einen Ausflug plant, lässt sich einen Picknickkorb mit all den Köstlichkeiten füllen, den Korb gibt es im Laden für zehn Euro. Rundherum ist es ein lebendiges Konzept mit schönen Details und einer Philosophie, ein neues Lebensgefühl mit mehr Flexibilität zu entwickeln, was nicht nur Reisende begeistert, sondern auch bei den Einheimischen sehr gut ankommt. Das Doppiozero führt zudem ein Guesthouse mit dem Namen Dimora Barocca (www.dimorabarocca.it), welches nett, aber nicht so modern ist wie das Doppiozero.

26 Doppiozero Adresse: Via Paladini, 2, 73100 Lecce
Tel: 0039 0832 521052 Öffnungszeiten: Montag 8.30 – 16.30 Uhr,
Dienstag – Sonntag 8.30 – 24.00 Uhr

CANTELE

UOVA
FRESCHE

Il Messaggero
Lotta agli evasori, bufera nel Pd
L'errore populista di giustificare un reato
Venezia, 20 film in concorso tra attualità e glamour
Il Viminale agli ultrà violenti: dovete risarcire i poliziotti feriti
Continua a pag. 8
Oggi la riunione
Candidatura unitaria Taranto decide
L'inserto estate
Questa sera
Jazz e sinfonica musica sotto le stelle
Le sagre
Vino e vinile a Casarano l'"Uliata" a Caprarica
La gita
Pregi e segreti delle ville da Belle Epoque di Santa Caterina

Leccese
Marcella Donno

EIN FEUERWERK DES BAROCKS IN LECCE

Lecce ist ein Schmuckkästchen des süditalienischen Barocks, das „Florenz des Südens“. An seinen kunstvoll verzierten Kirchenportalen und üppig geschmückten Palästen kann man sich gar nicht sattsehen. Aber auch an den Balkonen der Wohnhäuser, an Fenstern und in Höfen sind die formvollendet in Stein geschlagenen Schnörkel zu finden. Griechen, Römer, Normannen, Sarazenen und Staufer hinterließen in der altehrwürdig-vornehmen Universitätsstadt ihre Spuren, am wichtigsten aber war der Einfluss der Habsburger. Im Zuge der Gegenreformation investierte die Oberschicht ihr Geld in prunkvolle Bauten. Im 17. Jahrhundert herrschte geradezu ein Wettstreit, die Künste zu unterstützen und die Stadt architektonisch in neue Dimensionen zu heben. Möglich machte die einzigartige Gestaltung ein weicher Tuffstein aus der Umgegend, der auch mit einfachsten Werkzeugen so feingliedrig wie nachhaltig bearbeitet werden konnte. In den letzten Jahren investierte man viel in die Erhaltung der barocken Pracht, Kunstwerke wurden restauriert, Portale und Fassaden renoviert. So strahlt der Lecceser Sandstein, der morgens weiß, in praller Mittagssonne fast rot und abends im schönsten Gold leuchtet, noch intensiver.

Doch das architektonische Juwel unter Apuliens Reisezielen hat auch kulinarisch viel zu bieten. Das Angebot in den Pasticcerien ist nirgendwo sonst so üppig und „barock“ – und wer gutes Eis im Hacken Italiens bisher vergeblich gesucht hat, wird in Lecce fündig werden. In dem weltberühmten Städtchen wird das eindeutig beste Eis hergestellt.

☞ Piazza del Duomo

Zwei steinerne Torpfosten eröffnen die heutige Einkaufsstraße Corso Vittorio Emanuele und geben den Weg auf eine ganz besondere Bühne frei: die Piazza del Duomo, einen der schönsten Plätze der Stadt, der von dem Lecceser Dom, dem Bischofspalast und dem Seminar eingerahmt wird. Damit die ganze Pracht des Doms zur Geltung kommt, wurde eine reich verzierte Seitenfassade hinzugefügt, die als Erstes ins Auge fällt, wenn man den Platz betritt. So bleibt der Dom, auch wenn in der Front des Bischofspalasts die erste öffentliche Uhr Lecces zu sehen ist und sich in dem Seminar wertvolle Bücher stapeln, der unbestrittene Hauptdarsteller. Von 1659 bis 1670 wurde er von dem bedeutenden Künstler Giuseppe Zimbalo auf einem Grundriss in romanischem Stil errichtet und mit einer Überfülle barocken Dekors verziert. Durchbrochene Balustraden, Putten, kunstvoll gedrehte Säulen und Nischen mit Statuen der beiden Heiligen Justus und Fortunatus schmücken das Portal. Innen glänzen wunderschöne filigrane Marmorintarsien, strahlen bunte Glasfenster und beeindruckt ein Gemälde des Abendmahls, das in schwindelerregender Höhe in einer goldenen Kassettendecke eingefasst ist. Von den zahlreichen prunkvollen Altären lohnt vor allem derjenige mit einer Krippe Gabriele Riccardis. Der Campanile, 1661 bis 1682 von Zimbalo neu errichtet, nachdem der ursprüngliche Turm bei einem Erdbeben beschädigt wurde, zählt mit seinen 68 Metern zu den höchsten Europas. Lassen Sie die einzigartige Architektur auf sich wirken, legen Sie einen Zwischenstopp auf den Stufen des Doms ein, lassen Sie die Blicke schweifen, beobachten Sie die Flaneure – und werden Sie selbst zu einem.

Adresse: Piazza del Duomo, 73100 Lecce
Öffnungszeiten: Täglich 8.30 – 12.30 Uhr und 16.00 – 18.30 Uhr

☞ Basilica di Santa Croce

Die Basilica di Santa Croce taucht wie ein Paukenschlag auf. Eingezwängt zwischen engen Gassen, ragt sie am Ende der Piazza Riccardi plötzlich in all ihrer Schönheit empor. Lassen Sie Ihren Blick über die überbordend verzierte Fassade schweifen, vorbei an steinernen Pferden, Fabeltieren, Drachen, Greifvögeln und Menschenfiguren, die auf ihrem Rücken die Last der oberen Fassade tragen, entlang an Putten und Blumen, Engelgirlanden, Rosetten und der Weltkugel. 1549 wurde die Basilika nach Entwürfen von Gabriele Riccardi begonnen und erst nach mehr als 100 Jahren beendet. Jenseits des allgemein üblichen europäischen Barockstils entwickelten die Künstler Antonio Zimbalo und Cesare Penna ihre ganz eigene filigrane und einzigartige Handschrift. Sie wird auch im Inneren der Basilika fortgeführt. Die Säulen, die das Mittelschiff säumen, sind mit Blättern und Blüten verziert und scheinen steinern zu blühen, während die Säulen in den seitlichen Nischen sich so kunst- wie schwungvoll in die Höhe winden. Die kostbar geschnitzte Holzdecke wurde angeblich mit dem ersten Gold geschmückt, das nach der Entdeckung Amerikas nach Apulien gebracht wurde. Alles in allem ein atemberaubendes Kunststück des salentinischen Barocks, der Lecce weltweit berühmt gemacht hat.

Adresse: Via Umberto I, 73100 Lecce
Internet: www.basilicasantacroce.eu
Öffnungszeiten: Täglich 8.00 – 13.00 Uhr und 17.00 – 19.00 Uhr,
im Winter täglich 9.00 – 12.00 Uhr und 17.00 – 20.00 Uhr

PASTICCERIA NATALE

Süßer Barock! Ein Besuch bei Natale darf bei einem Lecce-Besuch nicht fehlen. Die Pasticceria macht nicht nur das beste Eis der Stadt, auch die Küchlein und Pralinen sind köstlich und sehen sehr kunstvoll aus – und das, obwohl Pasticcerien eigentlich nicht zu Apuliens Favoriten zählen.
Deshalb finden Sie üppig bestückte Theken voller süßer Kleinigkeiten, wie man sie sonst nur aus Florenz oder Rom kennt, fast nur in Lecce. Das dunkle Schokoladeneis Cioccolato fondente, ganz ohne Milch hergestellt, ist besonders zu empfehlen, aber auch das orientalisch angehauchte Terra d'oriente mit Kardamom, das Mustazzolo mit Schoko, Mandel, Zimt und das Fiorone mit Feigen sind eine Sünde wert. Pistazien-Fans kommen ebenso voll auf ihre Kosten. Neben einer Eissorte gibt es sogar Eclairs mit Pistazienfüllung.
Schade nur, dass es hier keine Terrasse gibt, denn mit den süßen Köstlichkeiten würde man gern einen Moment verweilen.

28 Pasticceria Natale Adresse: Piazza Garibaldi, 17,
73016 San Cesario di Lecce Tel: 0039 0832 202614
Internet: www.natalepasticceria.it
Öffnungszeiten: Täglich: 8.30 – 24.00 Uhr

☞ Pasticceria Capilungo

In Lecce ist das Rustico, eine Teigtasche, gefüllt mit Mozzarella, Tomate und Oregano, eine beliebte Spezialität. Sie ist blättriger als die in Apulien sonst so geschätzten Panzarotti, die zwar ähnlich gefüllt, aber zusätzlich frittiert sind. Die Pasticceria Capilungo, eine Institution der Stadt, ist bekannt für das beste Rustico, immer frisch und auf den Punkt gewürzt. Doch wirklich verliebt haben wir uns in die hausgemachte Girella, eine Mozzarella-Schinken-Schnecke, die saftig, cremig und weich ist und geschmeidig auf der Zunge zergeht.

Adresse: Via Bari, 7, 73100 Lecce
Tel: 0039 0832 312406, www.pasticceriacapilungo.it
Öffnungszeiten: 7.30 – 14.00 Uhr und 16.00 – 20.30 Uhr,
Donnerstag- und Sonntagnachmittag geschlossen

STADTBUMMEL IN OTRANTO

Die östlichste Stadt Italiens, von der aus bereits die alten Römer Handel mit Kleinasien betrieben, bezaubert mit weißen Häuschen, engen Gassen und einer Altstadt, die aufs Meer hinausblickt. Auf der breiten Uferpromenade kann man herrlich flanieren, einen Blick auf die Ruinen des Torre del Serpe, des Schlangenturms, werfen und sich gar nicht sattsehen an dem leuchtend türkisen Wasser und an dem Porto, der, fein geschwungen und von unglaublichem weißem Sand gesäumt, zu den schönsten und saubersten „Hafen-Pools" Italiens zählt.
So beschaulich wie heute ging es aber nicht immer in Otranto zu. Auf einem seiner Eroberungszüge des Abendlandes überfiel der türkische Großwesir Gedik Ahmed Pasha 1480 mit seinen Männern die „Pforte zum Orient" und ließ 800 Bürger grausam abschlachten. In der Kathedrale Santa Maria Annunziata, in der sich einst die letzten Widerstandskämpfer verschanzt hatten, sind bis heute Totenschädel und Gebeine der Opfer zu sehen. Die Kathedrale ist nicht nicht nur der größte romanische Kirchenbau Apuliens, sondern beherbergt auch eines der schönsten Fußbodenmosaike des 12. Jahrhunderts. Heute ist der Ort auch für seine Sandalen bekannt, die es in den verschiedensten und auch überraschend schlichten Variationen gibt. Wem das alles zu touristisch ist, der sollte sich in die Gegend nördlich von Otranto aufmachen. Zwischen Torre del Serpe und Torre Sant'Emiliano lädt eine bildschöne felsige Küste zum Spaziergang ein. Ein wenig erinnert sie an Cornwalls Klippenformationen und ist doch typisch salentinisch.

29 Stadtbummel in Otranto

☞ Cattedrale di Santa Maria Annunziata

Einen wahren Schatz hat der griechische Mönch Pantaleon zwischen 1163 und 1165 in der Cattedrale di Santa Maria Annunziata gelegt: In klösterlicher Geduld und aus mehr als zehn Millionen bunter Steinchen erschuf er ein farbenprächtiges Fußbodenmosaik. Es ist ein gigantisches Werk von 50 Metern Länge und das einzige komplett erhaltene seiner Art. Um einen riesengroßen Lebensbaum, der im Zentrum steht, scharen sich Elefanten, Wölfe, Füchse, Fische, bäumen sich Pferde auf, beeindrucken Fabelwesen, Kentauren, die zwölf Sternkreiszeichen, Kämpfer und zahlreiche andere Motive.

Adresse: Piazza Basilica, Otranto
Öffnungszeiten: täglich 8.00 – 12.00 Uhr und 15.00 – 18.00 Uhr
(Oktober bis März 17.00 Uhr)

☞ Da Sergio

Auf Sergios Terrasse zu sitzen ist nie langweilig. Direkt an den Tischen, die in der belebten Altstadtgasse aufgereiht sind, führt ein Laufsteg touristischer Vielfalt vorbei. Am schönsten beobachtet es sich bei knusprigen Fritti misti, frittierten Meeresfrüchten, oder einem Teller Pasta con cozze, Nudeln mit Muscheln, dazu am besten ein kühler Weißwein aus dem Salento. Leider hat der Erfolg Sergio und seine Jungs etwas nachlässig gemacht, sodass der Gastronomieguide „Slow Food“ das Restaurant, das einst Geheimtipp wegen seiner lokalen Wurzeln war, nicht mehr aufgenommen hat. Das heißt nicht, dass man nicht gut essen kann, aber der Service und die Beratung sind etwas zu offensichtlich auf hohen Umsatz getrimmt. Bei ganzen Fischen, die nach Gewicht berechnet werden, sollten Sie sich genau nach dem finalen Preis erkundigen.

Adresse: Corso Garibaldi, 9, 73028 Otranto
Tel: 0039 0836 801408
Öffnungszeiten: Donnerstag – Dienstag 12.30 – 15.30 Uhr und
20.00 – 23.00 Uhr, Mittwoch geschlossen

☞ Maestrale

Das Maestrale ist eine lässige Café-Bar auf dem alten Kai von Otranto. In der Bucht zwischen alten Fischerbooten sitzt man auf Regiestühlen oder auf Polstern auf der Mauer, lässt sich bei bei Kaffee, Antipasti oder Aperitivo den Geruch des Meeres um die Nase wehen.
Besonders schön und beliebt zum Sonnenuntergang und bis in die Nacht auf einen Cocktail und zu atmosphärischen Sounds vom DJ-Set.

Adresse: Via Lungomare degli Eroi, 73028 Otranto
Tel: 0039 320 6137590

☞ Palazzo de Mori

Wer das Leben in der quirligen Altstadt von Otranto liebt und abends noch durch die Gassen schlendern möchte, sollte sich im Palazzo de Mori einbuchen. Die Zimmer wirken sommerlich luftig, sind stilsicher eingerichtet und ein perfekt romantisches Nest für verliebte Paare. Den Gästen steht eine traumhafte Terrasse mit Blick über die Bucht zur Verfügung: Wem der Trubel zur Hochsaison zu viel wird, der kann sich dort in der marokkanischen Lounge niederlassen und den schönsten Naturhafen des Salento bei gutem Wein genießen. Service und Betreiber sind so angenehm wie das Ambiente, und so fügt sich alles zu einem runden Bild zusammen, auf dem einfach alles stimmt – sogar der Preis.

Adresse: Bastione dei Pelasgi, 73028 Otranto
Tel: 0039 0836 801088, Internet: www.palazzodemori.it
Preise: DZ 100 bis 150 Euro

AUSFLUG NACH GALLIPOLI

Wie nebeneinandergestapelt stehen die Häuser auf der kleinen Halbinsel von Gallipolis Altstadt, und bei ihrem Anblick wundert es nicht, dass ihre Erbauer, die alten Griechen, sie „kale polis", die „schöne Stadt", tauften. Verwunschene Gassen schlängeln sich die kleine Anhöhe empor, und die malerische Flanierstraße, die Riviera, führt einmal um die kleine Landzunge herum – vorbei an einem hellenischen Brunnen, Fischern, die ihre Netze flicken, und den zahlreichen, mit Majolika-Wandbildern verzierten Kirchen. Zum Schutz gegen das tosende Meer, das in den Wintermonaten gegen die hohen Stadtmauern peitscht, „blicken" sie aufs Meer hinaus – behüten Bewohner und Seeleute. Das Castello Aragonese, das Ende des 16. Jahrhunderts über der älteren Festung errichtet wurde, spiegelt sich im Hafenbecken der Altstadt, Radios plärren, Souvenirkitsch wartet auf Abnehmer, Vespas knattern durch die schmalen Gassen, hier und da versperrt ein Wäscheständer den Weg, und überall weht der Zauber der alten Stadt. Um sich diesen zu bewahren, dürfen Sie Ihren Blick auf keinen Fall über die Brücke zu Gallipolis Neustadt schweifen lassen, deren überdimensionale Bausünden das Idyll zerstören. Eine Besonderheit aber ist die Brücke, die Alt- und Neustadt verbindet: Ihre Lichter sind mit dem städtischen Herz-Jesu-Spital verbunden, und wenn sie blinken, wurde gerade ein Baby geboren.

☞ Café la Meridiana

Unbedingt probieren! Die Granita di caffè con panna ist rekordverdächtig, dass sich ein Besuch in der Altstadt von Gallipoli allein deshalb lohnt. Wer eine größere Portion möchte und mehr Muße zum Genießen sucht, sollte sich auf der Terrasse auf der Piazza della Repubblica niederlassen. Die Portionen „to go" sind kleiner und zum Testen bestens geeignet. Und: Die Sahne nicht vergessen, sie ist herrlich dicht, leicht salzig und im Handel nicht zu finden, denn sie wird, mit einem besonders hohen Fettgehalt, von einer Caseificio speziell für das Meridiana gemacht.

Adresse: Piazza della Repubblica, 3, 73014 Gallipoli
Tel: 0039 0833 266680
Öffnungszeiten: Täglich 7.00 – 21.30 Uhr, am Wochenende bis 3.00 Uhr

☞ Hotel Corte Palmieri

Möchten Sie in Gallipoli übernachten, dann bietet das Corte Palmieri alles, was man sich von einem anspruchsvollen Stadthotel wünscht. Wie eine Art Gallipoli in Gallipoli, mit verschachtelten Treppchen und Terrassen, die grandiose Ausblicke über die Altstadt freigeben, lädt es zur perfekten Entspannung ein und dazu, mit einem guten Wein aus dem Salento den Abend ausklingen zu lassen. Im Sommer wird natürlich auch das Frühstück auf dem Dach serviert. Eine gute Alternative ist der Palazzo Mosco Inn mit seinen schönen Zimmern mit ornamentalen Böden, historischen Details und herrlicher Dachterrasse.

Hotel Corte Palmieri, Corte Palmieri, 3, 73014 Gallipoli
Palazzo Mosco Inn, Via Micetti, 26, 73014 Gallipoli
Internet: www.otrantohotel.com
Preise: DZ ab 140 Euro mit Frühstück

RINOMATO METODO
DAL
1918
BENEDETTO CAVALIERI
MAGLIE IN TERRA D'OTRANTO
ITALIA
PASTA DI SEMOLA DI GRANO DURO
METODO DELICATO®

ANTICO PASTIFICIO BENEDETTO CAVALIERI

Maglie überrascht in jeder Hinsicht. Die Stadt, deren Wurzeln bis in das Mittelalter zurückgehen, wirkt mit ihren herrschaftlichen, barocken Stadtpalästen nahezu mondän und wartet neben kulturellen Spots mit ein paar netten Geschäften und kulinarischen Highlights auf. Die zentrale Piazza Aldo Moro, benannt nach dem charismatischen Politiker, der 1978 von den Roten Brigaden ermordet wurde, ist einer der schönsten Plätze der Region. Wegen seiner kunstfertigen Stickerei-Werkstätten wird das 15 000-Einwohner-Städtchen, angelehnt an Venedigs legendäres Stickkunst-Zentrum Burano, auch Burano del Salento genannt. Bekannt ist Maglie auch in der Welt der Gourmets wegen der hochgeschätzten Pasta von Benedetto Cavalieri. Um das hochwertige Hartweizenmehl bestmöglich zur Entfaltung zu bringen, erfolgt die Herstellung sehr schonend. Der Weizen kommt aus der Region und wird nicht auf Ertragsmenge getrimmt, sondern auf Qualität. Bei jeder Pasta-Sorte variiert die Zusammensetzung aus Hartweizenmehl und Wasser. Der Pastateig wird langsam und bei niedriger Temperatur zwischen 24 und 40 Stunden schonend getrocknet und einen weiteren Tag in einem klimatisierten Raum ausgehärtet. Es werden 14 Sorten angeboten. Kaufen kann man sie in der Produktionsstätte und mit etwas Glück von dem charmanten Benedetto Cavalieri höchstpersönlich.

31 Antico Pastificio Benedetto Cavalieri Adresse: Via Garibaldi, 64, 73024 Maglie Tel: 0039 0836 484144 Internet: www.benedettocavalieri.it Öffnungszeiten: Montag – Freitag 8.00 – 13.00 Uhr und 16.00 – 19.30 Uhr, Samstag 8.00 – 13.00 Uhr

RINOM
1
BENEDETT
MAGLIE IN TER
I T

ETODO
8
CAVALIERI
D'OTRANTO
I A

☞ Maglie

Die Stadt Maglie ist unter anderem für ihre Schokolade berühmt. Die alteingesessene Schokoladenmanufaktur liegt mitten in der Stadt und präsentiert eine unglaubliche Auswahl von allem, was sich aus Schokolade zaubern lässt. Die Köstlichkeiten, die seit 1875 hergestellt werden, sind geprägt von den Geschmäckern und Düften des Orients und der langen Geschichte Apuliens. Seit 1913 verarbeitet die Familie Dante typische Produkte der Umgebung wie Birnen, Feigen, Datteln und Nüsse in ihren Weinen, Kaffees, Schokoladen und besonderen Likören wie den caffè rum auf Basis von Kaffee und Rum.

Adresse: Via San Giuseppe, 48, 73024 Maglie
Tel: 0039 0836 424609, Internet: www.cioccolatomaglio.it
Öffnungszeiten: Täglich 9.15 – 13.00 Uhr und 16.15 – 21.00 Uhr

VIA
C MUZIO
32

SMART
TRAVELLING

GUT ZU WISSEN

Apulien ist groß, darum ist dieser Infoteil so klein. Hier erfahren Sie nicht alles und jedes, sondern genau das, was Sie für eine perfekte Woche brauchen. Wenige, aber genau die richtigen Informationen: Wissenswertes über die Lebensart in Apulien, eine kleine subjektive Auswahl an Sehenswürdigkeiten, Spaziergängen und Tipps für Unternehmungen. Dazu eine Karte mit all unseren Lieblingsadressen, damit Sie nicht lange suchen müssen, sondern gleich anfangen können, Apulien zu genießen.

GESCHICHTE APULIENS

Über die Jahrtausende hinweg kamen, eroberten und besiedelten zahlreiche Völker Apulien, wurden vertrieben – und hinterließen Spuren, die bis heute zu entdecken sind. Erstmals in der Geschichte tauchte Apulien in der Steinzeit auf, als die Ureinwohner Höhlen und Grotten in Meeresnähe bewohnten. Bis 1000 v. Chr. fanden mehrere Einwanderungswellen aus dem Balkan statt, und es kristallisierten sich die Volksstämme der Daunier heraus, die in der heutigen Provinz Foggia siedelten, der Peuketier, die die Region um Bari einnahmen, und der Messapier, die sich im Hinterland des Salento niederließen.

700 v. Chr. gründeten die Kolonisatoren Spartas Tarent, 272 v. Chr. fielen schließlich die Römer ein, deren Heerstraße Via Appia sie bis nach Brindisi führte, und beherrschten das Land bis zum Niedergang des Römischen Reichs 476 n. Chr. Danach wurde Apulien zum Schlachtfeld zwischen der arabischen, byzantinischen und römisch-germanischen Welt. Die Städte verfielen, die Bevölkerung flüchtete aufs Land – bis die Normannen Süditalien im 11. Jh. wiedervereinigten, politische Stabilität brachten, den Handel aufblühen ließen. Im 12. Jh. übernahm der Stauferkönig Friedrich II. die Regentschaft, befestigte die Städte, lehnte sich gegen die Herrschaft des Papstes auf, regierte bis zu seinem Tod 1250 und hinterließ neben vielen Burgen das mystische Castel del Monte. In den folgenden Jahrhunderten wurde Apulien von Franzosen und Spaniern regiert, bis mit den Habsburgern 1748 ein 50-jähriger Friede und eine goldene Bauzeit begann. 1861 schloss Apulien sich dem Königreich Italien an, doch der Nord-Süd-Konflikt verstärkte sich, der Mezzogiorno wurde wirtschaftlich nicht unterstützt und verarmte. Anfang des 20. Jhs. zwang das technische Zeitalter die Bauern Apuliens in den Dienst der Großgrundbesitzer, das Elend, das auf den Zweiten Weltkrieg folgte, trieb die Bewohner in die Emigration in den Norden, nach Deutschland, in die Schweiz und Amerika. 1950 wurde vom Staat ein Hilfsfonds eingerichtet, der dem Süden finanziell auf die Beine helfen sollte, dessen Gelder aber vor allem in die mafiösen Strukturen der „Sacra corona unita" wanderte. Allein 1962 verließen 28 000 Menschen Apulien. Ende der 90er-Jahre kam langsam die Wende, vermögende Norditaliener kauften erste Immobilien, Masserien wurden in Luxushotels umgewandelt – und kombiniert mit der noch unberührten süditalienischen Lebensweise entwickelte sich Apulien zur Trendregion für Individualisten. Heute hat Süditalien das höchste Wirtschaftswachstum des Landes.

Apulische Romanik

„Von den Römern stammend" bedeutet der Begriff Romanik, der den Neubeginn europäischen Bauens nach der Antike markiert. Zwischen dem 10. und 12. Jh. entstanden Gebäude, die sich durch ihre Massivität, ihre dicken Mauern, hohen Türme, schwungvollen Gewölbe und Säulengänge auszeichnen. In der wichtigsten Epoche apulischer Kunstgeschichte entstanden großartige Kathedralen wie die Basilica San Nicola in Bari.

Byzantinische Kuppel

Den Architekten des römischen Kaisers Justinian gelang 500 n. Chr. das statische Kunststück, den eleganten Übergang vom Baukörper zu seiner Kuppel zu konstruieren. Während Kirchenraum und Portal in der Regel sehr schlicht sind, recken sich ihre byzantinischen Kuppeln formschön gen Himmel – auch in der Kathedrale San Sabino in Canosa di Puglia.

Staufische Kastelle

Entlang der Adriaküste ließ Friedrich II. zahlreiche Festungen errichten, Burgen mit bis zu drei Meter dicken Wänden, Wehr- und Wohntürmen. Sie boten Schutz, waren Festorte und boten den Kreuzrittern Unterkunft. In einer der schönsten Anlagen, dem Kastell in Trani, heiratete Friedrichs Sohn Manfred 1259 – in der Burg Fiorentino starb Friedrich II. 1250.

Lecceser Barock

Dem Lecceser Tuffstein sei Dank. Wegen seiner einzigartigen Qualität, butterweich, aber gleichzeitig sehr stabil, war es den Barockkünstlern des Salento möglich, Fassaden und Arkadengänge mit den feingliedrigsten Formen und Figuren zu schmücken. Der einzigartige Barockstil des Salento, beeindruckend schön in der Kathedrale von Lecce zu besichtigen, wird daher Barocco leccese genannt.

Türme

In Apulien gibt es zahlreiche Türme zu entdecken. Sie säumen die Küste, bevölkern das Land. Die meisten der

Torre stammen aus dem Mittelalter und wurden zum Schutz gegen die Türken und die Sarazenen gebaut, die im 9. Jh. Küstenorte überfielen, das Land plünderten und die Bewohner als Sklaven verkauften.

TRULLI

Glaubt man der Legende, entstanden die Trulli im 17. Jh. durch eine List. Um seinen Untertanen die Grundsteuer an den König zu ersparen – und sie anschließend selbst zu kassieren –, ließ der Feudalherr Giangirolamo II. Acquaviva mörtellose Steinhütten bauen. Die konnte man für den Fall, dass ein Steuereintreiber vorbeikam, als Steinhaufen deklarieren. So entstanden rund 5000 Bauernhütten, die heute märchenhaft verspielten Charme und einen Hauch von Hobbit-Romantik versprühen. Sie wurden aus rauem Felsgestein gebaut, das für den Baukörper aufeinandergeschichtet und für die kegelförmigen Dächer schräg aneinandergestellt wurde. Eine Technik, die sich von Generation zu Generation weiterentwickelte und die einfachen Hütten, in denen das Vieh untergebracht wurde, langsam in kleine Häuschen mit Nischen und Fenstern verwandelte. Kein einfaches Unterfangen, bei dem reisede Handwerker, die sich Trullari oder Caseddari nannten, halfen.

Ihre Form ähnelt den altgriechischen Tholos-Kultbauten, ihre natürliche Klimaanlage kühlt im Sommer und hält im Winter warm – und ihre Dächer, Pinnacoli genannt, sind kunstvoll gebaut und auch mystisch bemalt. Während die Dachspitze immer schneeweiß gekalkt ist, ist der grauschwarze Naturstein des Daches selbst oft mit Verzierungen und Symbolen versehen. Einerseits haben sie, gleich Hausnummern, dazu gedient, die Häuser zu individualisieren, andererseits sollten heidnische, christliche und astrologische Zeichen überirdische Kräfte beschwören. Bis heute sind nicht alle Bedeutungen der Dachmalereien entschlüsselt.

MASSERIEN

Die apulische Landschaft ist sehr stark von Masserien, befestigten Gutshöfen, geprägt, die noch aus der Zeit des feudalen Grundbesitzes stammen. Massa bedeutet im Lateinischen landwirtschaftlich genutzter Boden – und im 17., 18. und auch 19. Jh. war es der Adel, der das Land bewirtschaften ließ. Seine Ernte und sein Leben beschützte er mit dicken Mauern, Wehrtürmen und Schießscharten vor Piratenüberfällen und Plünderungen und versteckte die hoheitsvollen und manchmal sogar orientalisch anmutenden Masseria-Fassaden hinter Olivenhainen und Zypressen.

Noch heute gibt es über 2000 Masserien, manche von ihnen sind verfallen, doch in den letzten Jahren für den Tourismus immer interessanter geworden. Vom einfachen Agriturismo bis zum Luxusresort stoßen sie in der aufstrebenden Region Apulien auf so großes Interesse, dass die Preise unbezahlbar geworden sind. Masserien, die vor einigen Jahren höchstens 300 000 Euro kosteten, werden heute für 600 000 bis zu zwei Millionen Euro verkauft.

Zu dem Gehöft einer großen Masseria gehören immer ein Limonaio, ein Zitronen- oder Orangengarten, eine Ölmühle, ein Forno a legna zum Brotbacken, ein Orto, der Gemüsegarten, und eine kleine Kapelle, damit in Zeiten der Belagerung nicht auf die täglichen Gottesdienste verzichtet werden musste.

Die Dächer der Masserien sind begehbar und über eine bequeme Treppe schnell zu erreichen. Man nutzte sie, um das Land zu überblicken und Feinde rechtzeitig auszumachen. Heute bieten die Dächer die perfekte Möglichkeit zum Loungen mit herrlichem Ausblick.

MUSEEN

Museo Pino Pascali

Über dem Torbogen, der in das historische Stadtzentrum führt, residiert Apuliens einziges Museum für zeitgenössische Kunst. Gewidmet ist es dem Künstler Pino Pascali aus Bari, der 1968 mit nur 33 Jahren bei einem Motorradunfall starb. Da war der Star der Arte Povera gerade auf dem Höhepunkt seiner Karriere, stellte bei der Biennale in Venedig aus. Einige seiner Werke erinnern in dem kleinen Museum an ihn, dazu wird in seinem Namen ein internationaler Kunstpreis verliehen. 2008 ging er an den belgischen Regisseur, Künstler, Designer und Choreografen Jan Fabre und wurde von einer Ausstellung begleitet. Doch auch die kleine, feine Sammlung des Museums, die Preisträger und junge italienische Kunst zeigt, ist interessant.

Via Parco del Lauro, 119,
70044 Polignano a Mare
Tel: 0039 080 4249534
Dienstag – Sonntag 11.00 – 13.00
und 17.00 – 21.00 Uhr

CASTEL DEL MONTE

Das Jagdschloss von Friedrich II. ist ein geheimnisvoller Bau. Achteckig, monumental und streng thront er auf einer Anhöhe in der Murgia. Zum Schreiben und Studieren soll der Stauferkönig sich in das einzigartige Anwesen zurückgezogen haben – und zur Falkenzucht und zum Jagen in den Wäldern, die das Kastell einst umgaben. Längst sind sie abgeholzt und lassen die „Krone Apuliens", die heute die italienischen Ein-Cent-Münzen schmückt, einsam in karger Landschaft zurück. So rätselhaft und schlicht wie sein Äußeres sind auch die klar strukturierten, hohen Hallen, die alleine von farbigen Marmorsäulen geschmückt werden. Vermutlich geht der gesamte Entwurf auf Friedrich II. selbst zurück, und wahrscheinlich hat der hochgebildete Herrscher auch die Verweise auf die kabbalistische und alchemistische Symbolik entwickelt, wie zu der Zahl Acht, die sich vielerorts in den Maßen von Pyramiden und Megalithbauten und auch in dem Kastell mit acht achteckigen Türmen wiederfindet. Gewohnt hat Friedrich II. im Kastell

nie, noch vor der endgültigen Fertigstellung starb er. Doch glaubt man der Sage, kehrt er zusammen mit seinem Sohn Manfred in stürmischen Herbstnächten, in denen der Wind durch die Schießscharten heult, zurück, um gemeinsam das Ende des Stauferreichs zu beklagen.
Tipp: Kurz vor Sonnenuntergang, wenn die hellen Mauern sich rötlich färben, ist das Kastell am schönsten. Bringen Sie sich einen Picknick-Korb mit und beobachten Sie das Naturschauspiel von einer der umliegenden Wiesen.

SP234, km 17, 70031 Andria
Tel: 0039 080 5286238
Im Sommer täglich 10.15 – 19.45 Uhr,
im Winter 9.00 – 18.30 Uhr

KIRCHEN

Kathedrale Santa Maria Annunziata

Einen wahren Schatz hat der griechische Mönch Pantaleon zwischen 1163 und 1165 in der Cattedrale di Santa Maria Annunziata gelegt: In klösterlicher Geduld und aus mehr als zehn Millionen bunter Steinchen erschuf er ein farbenprächtiges Fußbodenmosaik. Es ist ein gigantisches Werk von 50 Metern Länge und das einzige komplett erhaltene seiner Art. Um einen riesengroßen Lebensbaum, der im Zentrum steht, scharen sich Elefanten, Wölfe, Füchse, Fische, bäumen sich Pferde auf, beeindrucken Fabelwesen, Kentauren, die zwölf Sternkreiszeichen, Kämpfer und zahlreiche andere Motive. Das Mosaik erzählt von der Erschaffung der Welt, dem Turmbau zu Babel und der Sintflut, stellt Bezüge zur antiken Mythologie her, zum Alten Testament, zu arabischen Fabeln, der Artussage und jüdischen Erzählungen und steht wie kein anderes Kunstwerk für die Zusammenführung verschiedener Kulturen, die in Apulien stattfand. Auch wenn die Bildersprache nicht immer stilsicher wirkt, manche Figuren fast plump erscheinen, ist die Hymne an die Menschheitsgeschichte ein bildgewaltiges Erlebnis. Ebenfalls sehenswert: die Cappella dei Martiri rechts neben der Kirchenapsis, die in riesigen Glaskästen Schädel und Gebeine der Christen Ortrantos birgt, die 1408 von den Türken überfallen und enthauptet wurden.

Piazza Basilica, Otranto
Täglich 8.00 – 12.00 Uhr
und 15.00 – 18.00 Uhr
Oktober – März bis 17.00 Uhr

Kathedrale San Nicola Pellegrino

Die „Königin der Küstenkathedralen" ist monumental und scheint dennoch ganz leichtfüßig über dem Wasser zu schweben. Ihr weißer Kalkstein „pietra tranese" spiegelt sich glitzernd auf den Wellen und strahlt weit über die Bucht hinaus. Genauso faszinierend wie die Lage ist ihre Architektur, die zwei Stockwerke tief und 1,5 Meter unter den Meeresspiegel führt – erst in eine säulengeschmückte Krypta und dann in die Gruft des Hl. Leukios. 1097 wurde mit dem Bau der Kathedrale begonnen, erst im 13. Jh. war sie vollständig fertig, und bis heute überrascht die Eleganz ihres 35 Meter langen, lichtdurchfluteten Kirchenschiffs. Im Altarbereich sind Bild-Fragmente erhalten, die andeuten, wie farbenfroh die Kirche einst ausgemalt war. In der Nähe des Portals aber steht ein wirklicher Schatz. Seit der Restaurierung 1999 ist dort die kostbare zweiflügelige Bronzetür ausgestellt, die zuvor den Eingang verschloss. Der einheimische Meister Barisanus hat sie Ende des 12. Jhs. neu gestaltet – und mit ihr gleich auch die süditalienische Kunst. Erstmals stellte er die Figuren auf den 16 Bildtafeln nicht flach, sondern als Relief dar, und so erwachen seine Engel, Kentauren und Sirenen, Bogenschützen, Apostel und Gladiatoren zu pulsierendem Leben.

Piazza Duomo, 8, Trani
Täglich 8.30 – 12.30 Uhr
und 16.00 – 19.00 Uhr

Santi Stefani

Santi Stefani ist eine Höhlenkirche aus dem 11. Jh., die als frühchristliche Kultstätte genutzt wurde. Die Kirche ist wenig bekannt und winzig klein, dafür mit wunderschönen Fresken ausgemalt, die sie in einen Ort voller Magie und schlichter Schönheit verwandeln. Sie liegt etwas versteckt in Vaste bei Poggiardo.

Wegbeschreibung: An einer Kreuzung in Vaste, wo sich ein Elektroladen befindet, auf der gegenüberliegenden Seite einbiegen. Nach 600 Metern rechts in eine kleine Straße abbiegen, nach 500 Metern den Weg links einschlagen, dann ist der Weg zur Kirche ausgeschildert.

Kathedrale Sant'Agata

Die Kathedrale Sant'Agata ist das Paradebeispiel barocker Architektur in

Gallipoli. Zwischen Altstadthäusern auf einen kleinen Platz gequetscht, erstrahlt ihre aufwendig gestaltete barocke Fassade. Nach 60-jähriger Arbeit wurde die Kathedrale, die mit traumhaft schönen Blüten- und Pflanzenmotiven überzogen ist, 1696 aus mehrfarbigem Marmor fertiggestellt. Das Innere der Kathedrale beeindruckt mit Gemälden aus dem 17. und 18. Jahrhundert und Fresken großer neapolitanischer Meister wie Giovanni Andrea Coppola. Der Maler und Doktor der Medizin wurde 1597 in Gallipoli geboren und starb 1659 dort. Auf dem Bild „Wunder des Hl. Franz von Paola" hat er sich am äußersten rechten Rand selbst verewigt.

Via Duomo, 1, Gallipoli
www.cattedralegallipoli.it

Wallfahrtskirche Madonna del Belvedere

Die Wallfahrtskirche Madonna del Belvedere, die bis heute das Ziel zahlreicher Pilger ist, liegt drei Kilometer außerhalb von Carovigno auf einem kleinen Hügel. Sie wurde im 16. Jh. über zwei Grotten mit einem Fresko der Jungfrau Maria erbaut, zu dem eine Treppe mit 47 Stufen hinunterführt. Es heißt, dass ein Hirte sie im 12. Jh. entdeckte, als eine seiner Kühe die Schlucht hinunterfiel und er hinabstieg, um sie zu retten. Zu Ostern findet ein spektakuläres Fest statt, mit dem die Entdeckung der Grotten zelebriert wird.

Via Belvedere, 3 km außerhalb von Carovigno
Tel: 0039 0831 523072

AUSGRABUNGSSTÄTTEN UND GROTTEN

Spuren aus der Steinzeit – die Küstengrotte Zinzulusa

Als Paolo Emilio Stasi Anfang 1900 die Grotte Romanelli entdeckte, wurden die Tore zu einer wahren prähistorischen Schatzkammer geöffnet. In der einstigen Wohnhöhle fand man eine Vielzahl an vorzeitlichen Zeichnungen, darunter die ersten Darstellungen von Menschen überhaupt, Knochen, die Spuren der Eiszeiten tragen, und Überreste von Mammuts, Rentieren, Pinguinen und Ur-Elefanten. Bis heute zieht die Steinzeit-Grotte Forscher aus der ganzen Welt an – und sie sind auch die Einzigen, die nach einem sehr strengen Prozedere Zugang haben.

Wer dennoch einen Eindruck bekommen möchte, wie die Menschen um 20 000 v. Chr. lebten, sollte eine Führung durch die Grotta Zinzulusa nicht verpassen. Die „zerlumpte Frau“, wie sie genannt wird, ist eine Tropfsteinhöhle mit Stalaktiten und Stalagmiten und die einzige der wichtigen prähistorischen Grotten, die öffentlich zugänglich ist. Man kann nicht ganz bis zum Ende des Grottentunnels durchgehen, denn dort leben Scharen von blinden Krebsen und Fledermäusen, die ungestört bleiben sollen.

Zinzulusa bei Castro
Die Grotte befindet sich 2 km nördlich von Castro an der Hauptstraße Otranto-Leuca.
Tel: 0039 0836 943812
www.grottazinzulusa.it
Täglich 9.30 – 18.30 Uhr im Sommer, 10.30 – 16.30 Uhr im Winter

Von der Tropfsteinhöhle aus kann man auch eine Bootsfahrt entlang der grottenreichen Küste unternehmen. Außerdem befindet sich direkt neben der Zinzulusa-Grotte ein Strandbad mit großem Pool, das zu einem Tag am Meer einlädt.

Die Unterwasserwelt von Castro

Der Küstenabschnitt um Castro, an dem auch die prähistorischen Grotten liegen, wird von steilen Riffs geprägt – und bietet eine fantastische Mittelmeervegetation. Einige Sportzentren in Castro offerieren Tauchgänge, um Meeresböden und Grotten zu erkunden. Der Sentiero Blu, der blaue Pfad, der zwischen den Grotten Zinzulusa und Romanelli liegt, ist eine der interessantesten Mittelmeerlandschaften mit dicht besiedelten Riffen, Neptungraswiesen und Felsen, farbenfrohen Fischschwärmen, Röhrenwürmern und flinken Brassen. Der Unterwasserpfad ist am Grund mit Hinweistafeln gekennzeichnet.

Z. B. Sportzentrum Deep Water Divers, Castro
www.divingdwddiso.it

Grotte di Castellana

Das Grottenlabyrinth di Castellana zählt zu den besonderen Attraktionen Apuliens. Als der Höhlenforscher Franco Anelli es 1938 entdeckte, musste er sich erst mal durch Berge von Abfall graben, bevor er schließlich in einer glitzernden Märchenlandschaft stand. 1600 Meter sind die Gänge mit ihren imposanten Höhlen lang, in denen die Stalagmiten und Stalaktiten sich Tröpfchen für Tröpfchen zu atemberaubenden Steinskulpturen geformt haben.

Das Labyrinth kann einzig in geführten Touren erkundet werden. Die große dauert zwei Stunden, ist insgesamt drei Kilometer lang und führt bis in die schönste Höhle: in die Grotte Bianca, die mit alabasterfarbenen Steinfäden und Netzen überzogen ist. Der kürzere, 50-minütige Rundgang ist einen Kilometer lang. Führungen werden in verschiedenen Sprachen angeboten.

Via Grotte, Castellana Grotte
Tel: 0039 080 4998221
www.grottedicastellana.it
Täglich 8.30 – 19.00 Uhr im Sommer, 9.30 – 16.00 Uhr im Winter
November – Februar nur nach vorheriger telefonischer Absprache, März und Oktober ab 10.00 Uhr,
April – September ab 9.00 Uhr,
Schlusszeiten zwischen 15.30 und 20.00 Uhr

Museo archeologico di Egnazia

Egnazia ist der Name einer römischen Stadt nahe Fasano. Sie hatte ihre Blütezeit im 4.–3. Jh. v. Chr., wurde im Mittelalter aufgegeben und erst in den letzten Jahren archäologisch erschlossen. Egnazia lag direkt an der Via Traiana, die Kaiser Trajan von Benevento 114 n. Chr. als eine Abzweigung von der Via Appia bauen ließ. Während die Via Appia über Taranto nach Brindisi ging, führte die Via Traiana über Bari, was eine Abkürzung von ein bis zwei Tagesreisen bedeutete. Innerhalb der Ausgrabungen, die man schon auf der Küstenstraße von Monopoli nach Torre Canne sehen kann, sind die Überreste der Via Traiana gut zu erkennen.

Ihre Tour sollten Sie im Museum beginnen und anschließend durch die Ausgrabungsstätte schlendern. Je mehr Hintergrundwissen Sie im Museum sammeln, desto mehr werden Sie in der Ausgrabungsstätte entdecken können.

S.S. 379, Ausfahrt Fasano Savelletri
Tel: 0039 080 4829056
www.egnaziaonline.it
Via degli Scavi, 84,
72010 Savelletri di Fasano
Museum und Park täglich
8.30 – 19.00 Uhr

Parco Rupestri – Lama d'Antico

Die Gegend unterhalb von Fasano ist von Grottenansiedlungen geprägt, die vom 11. bis zum 15. Jh. ihre Blütezeit hatten. Wie kleine Dörfer sind die Grotten um einstige Flussbetten gruppiert. Ihr Herzstück ist eine Krypta mit Fresken, deren farbenfrohe Motive an russisch-orthodoxe Darstellungen erinnern. Dazu kommen Räume für die Herstellung von Wein und Olivenöl, Zisternen, um Wasser aufzufangen, Lager, Küchen, Ställe und kleine Grotten zum Schlafen.
Besonders schöne Ansiedlungen liegen auf der Straße von Fasano nach Savelletri.

Von Fasano aus kommend gleich hinter der Bahnlinie rechts einbiegen. Ein Hinweisschild „Lama d'Antico" führt zu dem Park. Ein Besucherzentrum ist gerade im Aufbau und selten geöffnet. Man kann aber einfach durch das rechte Tor gehen oder über die kleine Mauer steigen und seinen Spaziergang durch die Vergangenheit starten.

Weitere Ausgrabungsstätten sind San Lorenzo und San Giovanni an der Contrada Scanzossa. Informationen erhalten Sie über das Touristenbüro Fasano.

Auf der Straße von Fasano nach Savelettri hinter den Bahngleisen den Hinweisschildern folgen.

Packen Sie sich einen Picknickkorb und genießen Sie die ungewöhnliche Landschaft, die wie eine Zeitreise in die Vergangenheit scheint, in Ruhe und bei ein paar Köstlichkeiten. Mit einem Ball im Gepäck, mit Spielen oder einem Buch kann man hier mühelos viele Stunden verbringen.

SANTA CESAREA TERME

Bereits die Küstenstraße, die zur Santa Cesarea Terme führt, stimmt auf die Umgebung ein: Die Strada Statale delle Terme Salentine, die „Staatsstraße der salentinischen Thermen", führt pittoresk in das 3000-Einwohner-Örtchen. Vier schwefelhaltige Warmwasserquellen sprudeln direkt ins Kurhotel und in die Kurbäder, Thermal-Paläste im maurisch-indischen Stil mit gedrehten Säulen und Kuppeln, die an 1001 Nacht denken lassen. Viele der Villen in der Umgebung kann man mieten. Ein längerer Aufenthalt ist aber nicht unbedingt empfehlenswert. So schön die Thermen mit ihrem exotischen Äußeren anzuschauen sind, so sehr weht der Mief alter, geschmacklos renovierter Kurbäder durch ihre Hallen. Ein gelungener Stopp: das Felsenbad Bagno Marino Archi, das in einem ehemaligen Küstensteinbruch liegt. Gleich nebenan liegt der ungewöhnliche Hafen Marino Archi, der von steilen Felswänden eingerahmt wird.

Via Roma, 40, Santa Cesarea
Tel: 0039 0836 944070

ZOOSAFARI

Eine wahre Attraktion, und nicht nur für Kinder, ist der größte Safaripark Europas. Er liegt zwei Kilometer nördlich von Fasano und beherbergt auf 120 Hektar Land mehr als 1000 Tiere und 50 Arten aus fünf Kontinenten. Affen schaukeln in den Bäumen, Gorillas gähnen, Elefanten stapfen durch die mediterrane Landschaft. Der Höhepunkt aber sind die Giraffen, die, wenn man etwas zum Knabbern dabeihat, den Kopf auch mal gerne ins Auto stecken und mit ihren langen Zungen versuchen, sich nichts entgehen zu lassen. Viele Tiere kommen so nah, dass man sie gut beobachten kann, bei den Löwen und Tigern sollte man die Fenster aber tunlichst geschlossen halten. Die Kompetenz der Betreiber hat sich herumgesprochen. Mittlerweile werden hier Wildtiere, die für nordeuropäische Parks bestimmt sind, zur Akklimatisierung einquartiert – und auch Zootiere, die wieder in die Freiheit entlassen werden sollen. Eine Tour dauert ca. 40 Minuten, man kann das eigene Auto nehmen oder in einen der Minibusse steigen. Wichtig: Nehmen Sie altes Brot mit, so können Sie die Tiere füttern. Es ist eigentlich nicht gern gesehen, aber jeder bringt trotzdem etwas mit.

Via dello Zoosafari, Fasano
Tel: 0039 080 4414455
www.zoosafari.it

In der apulischen Küche findet man, wie in der Architektur, viele griechische und arabische Einflüsse. Aus ihnen entwickelte sich eine geschmackvolle, intensive Küche, die mit all ihren historischen Komponenten dennoch klar und einfach ist. Als Kornkammer Italiens liefert Apulien einen Großteil des Hartweizens, den man zur Herstellung der Pasta benötigt. „Divella", eine der besten Pastafirmen Italiens, hat ihren Ursprung wie viele andere in Apulien. Frische Orecchiette, „Öhrchennudeln", findet man in den Gassen zum Trocknen ausgelegt, und es gehört zum Repertoire einer jeden apulischen Mamma, sie aus Hartweizen, Wasser und einer Prise Salz ruck, zuck zu formen.

Auch gutes Brot ist überall präsent und war in seiner knusprig-harten Variante, den Friselle, immer schon ein wichtiger Begleiter von Fischern, Hirten und Landarbeitern, die die Brotringe mit Öl und Tomaten aufs Feld oder Meer mitnahmen.

Doch auch Gemüse spielt heute eine wichtige Rolle. In den Ebenen des Landes werden Tomaten, Brokkoli, Fenchel, Auberginen, Artischocken und Zichorie sowie Hülsenfrüchte angebaut. So weit das Auge reicht, leuchten Salatköpfe und recken sich Fenchelknollen unter den Olivenbäumen empor.

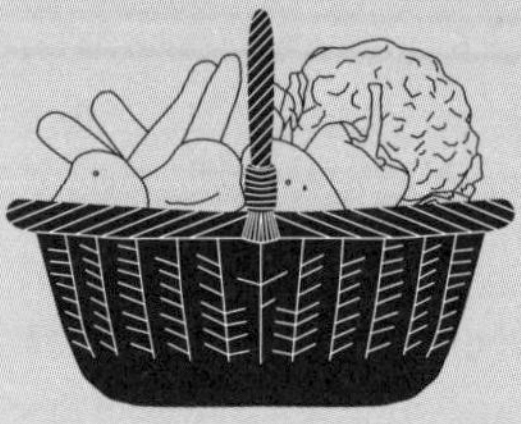

Neben Oliven und Wein, für die Apulien über seine Grenzen hinaus bekannt ist, prägt das Meer die Region. Fisch und Meeresfrüchte, die mit den traditionellen Trabucchi, ausgeklügelten Fangmaschinen, gefischt werden, gibt es überall und erstaunlich günstig. Apulien hat aber auch in puncto Milchprodukte einiges zu bieten: Mozzarella, Burrata und herrlichen Ricotta aus Kuhmilch, Pecorino und den typischen Caciocavallo aus Schafsmilch. Letzterer, ähnlich wie der Provolone, hat die Form einer Kugel oder eines ovalen Beutels und wird mit einer Schnur eingebunden. Angeboten werden die Köstlichkeiten in den Caseificios, Käsereien, auf die Sie in jedem kleinen Dorf stoßen werden.

Tipp: Halten Sie nach einer Sagra Ausschau. Die kulinarischen Volksfeste werden auf Plakaten angekündigt und folgen meist einem Thema wie Orecchiette, Pesce oder Vino bianco. Die Einheimischen lieben und zelebrieren die Feste, und sie versprechen ein leckeres Vergnügen.

Antipasti

Ganz typisch für die Region sind Antipasti, die jedes Restaurant in einer riesigen Vielfalt anbietet. Die Vorspeisen aus verschiedensten Gemüsen, Oliven, aber auch Fisch, Mozzarella, Burrata und Ricotta sind das Aushängeschild und der Maßstab, nach dem Kenner ein Restaurant bewerten. Sie kommen warm und kalt im Wechsel und eskalieren schnell zu einer kompletten Mahlzeit – bei der Bestellung weiterer Gerichte mit einplanen!

Fornelli

Fornelli blicken in Apulien auf eine lange Tradition zurück. Früher, als Fleisch nur den Wohlhabenden vorbehalten war, kamen findige Metzger auf die Idee, die als Abfall verpönten Innereien von Lamm oder Ziege anzubieten. Diese wurden in Därmen zu kleinen appetitlichen Rouladen, den Gnumarieddi, gewickelt und über glühenden Kohlen im Steinofen, dem Fornello, sanft gegart. Noch heute kann man in vielen Dörfern zu günstigen Preisen das Street-Food Apuliens genießen, das man auch bequem in den Lokalen der Fleischereien an einfachen Tischen und Bänken zu sich nehmen kann, und dazu wird ein lokaler Wein gereicht. Jedes Fornello verwendet für die Spezialitäten natürlich seine eigene Würzmischung an Kräutern und Zutaten, um sie noch einmal zu verfeinern. Wer sich mit Innereien so gar nicht anfreunden mag, der kann auf Salsicce, Würstchen aus fein gehacktem Schweinefleisch, oder auf magere Stückchen zurückgreifen.

Al Vecchio Fornello

Imbiss auf Apulisch – genial einfach! Und so geht es: An der Fleischtheke erklärt der Schlachter mit breitem Lächeln sein Angebot in der Vitrine, und Sie wählen, was er Ihnen in seinem Ofen grillen soll. Würste, gut gewürzt und aus Kalb oder Schwein – und das Aushängeschild eines jeden Fornello: die fein panierten Gnumarieddi, Minirouladen, gefüllt mit Innereien von Lamm oder Ziege, was schlimmer klingt, als es ist. Weniger Abenteuerlustige können aber auch einfach ein Lammkotelett bestellen. Die ausgewählten Stücke wandern auf Spießen in den Ofen, und Sie können sich schon mal, im Sommer in der Gasse und im Winter in den schlichten Räumen, einen Platz suchen und den hauseigenen Primitivo, der im Plastikbecher ausgeschenkt wird, genießen. Unverzichtbar dazu gehört der sauer angemachte Eisbergsalat, eigentlich ein kulinarisches No-Go, in diesem Fall aber zusammen mit den Gnumarieddi eine gute Kombination.

Arrosteria Del Vicoletto

Er ist der Ferrari unter den zahlreichen Fornelli der Stadt und durch Slow Food mehrfach geadelt. Lustig ist, dass die Metzgerei nur ein Stückchen vom Ofen entfernt platziert ist und dabei das Prozedere „wie funktioniert ein Fornello“ besonders anschaulich wird. Also – erst müssen Sie sich einen Platz suchen, dann zum Metzger gehen, aus dem besonders üppigen Angebot eine Auswahl treffen und die Bestellung aufgeben. Anschließend verkürzt man sich die Wartezeit mit Salami aus eigener Produktion und saurem Käse (nicht jedermanns Fall!), um den Cholesterinspiegel schon einmal in Wallung zu bringen. Wenn jetzt das Grillfleisch kommt, gibt es kein Entrinnen mehr. Die Würste sind hier besonders gut.

Via Giulio II, 16, 72014 Cisternino

Caseificios

Apulien ist das Land der Caseificios, der Käsereien. In fast allen Städtchen wird der Mozzarella und Ricotta noch in eigener Produktion hergestellt. Eine der besten Adressen ist die Caseificio Crovace, die direkt an der Straße von Fasano nach Ostuni liegt und für ihre herausragende Qualität in der ganzen Region bekannt ist. Die lange Theke, die üppig mit allen Käsespezialitäten der Gegend gefüllt ist, mit gutem Schinken und seinen Verwandten und die von einer grandiosen Auswahl an Taralli und Keksen der besten Bäckereien Apuliens ergänzt wird, lässt keinen Wunsch offen.

Burrata

Eine ganz besonders köstliche Spezialität ist die Burrata, eine Art Mozzarella, der aus fast buttriger Sahne hergestellt wird. Zum Glück wird er auch in kleinen Portionen angeboten, die sich gut vor Ort probieren lassen. Eine der besten Burratas gibt es in der Masseria Lamapecora in Savelletri di Fasano (siehe Seite 36).

Cacioricotta

Der Cacioricotta, ein fester Ricotta, eignet sich perfekt als Topping über Pasta oder Salat – und bestens zum Mitnehmen, da er vakuumverpackt und länger haltbar ist.

Wer früh genug dran ist, der kann bis ungefähr 9 Uhr morgens der Familie Crovace bei der Käseherstellung zuschauen. Man blickt dabei durch eine große Glaswand, aber wer nett fragt, darf sicher auch eintreten, um die Mozzarella-Produktion ganz aus der Nähe zu beobachten. Im eingespielten Teamwork und mit fleißigen Händen wird beim „Mozzare" die gekochte Käsemasse portioniert und zu einer klassischen Kugel oder auch zu einem Zopf geformt, ein Arbeitsgang, dem zuzusehen man nicht müde wird.

Caseificio Crovace
S.S. 16 Fasano – Ostuni, Speziale
Täglich 7.00 – 14.00 Uhr und
15.30 – 21.00 Uhr

Taralli

Taralli sind ein salziges, typisch apulisches Gebäck. Der Teig besteht aus Mehl, Weißwein, Olivenöl, Salz, Fenchelsamen und Hefe, wird in Wasser gekocht, zu kleinen Kringeln geformt und anschließend im Ofen knusprig gebacken. Es gibt zahlreiche Variationen mit Peperoncini, mit Vollkornmehl, Rosmarin oder Oliven. Früher dienten Taralli den Bauern als Feldnahrung, heute werden sie als Aperitivo zum Essen gereicht. Sie tauchen im Brotkorb jeder Trattoria auf und verkürzen, gemeinsam mit Wein und Oliven, die Wartezeit.

Ricci

Ricci sind Seeigel. Die Einheimischen schätzen sie als besondere Delikatesse, und nach ein paar Versuchen kann man ihre Leidenschaft gut verstehen. Ricci werden, gesäubert und aufgeschnitten, roh gegessen und vor allem an den felsigen Teilen der Küste angeboten. In einigen Restaurants kann man Seeigel auch roh auf Pasta oder als Risotto probieren. Die Saison der Ricci ist von November bis April. In den Sommermonaten wird mit einem Fangverbot der Nachwuchs gesichert, im Frühjahr sollen sie am besten sein.

Ricci La Rotonda

Eine der nettesten Ricci-Buden ist das La Rotonda auf der Küstenstraße von Torre Canne nach Savelletri, Höhe Forcatella. Egal, ob eine Nonne auf der Durchreise oder ein Geschäftsmann auf dem Sprung ist, bei Rotonda treffen sie sich auf der Terrasse, sitzen auf Plastikstühlen und genießen das aromatische Fleisch der Stacheltiere. Der Laden brummt, und die Signora Rotonda ist Tag und Nacht vor Ort. Flink und voller Leidenschaft wirbelt sie hinter dem Tresen, unterstützt ihr Serviceteam und den Signore, der frischen Oktopus butterzart grillt. Der Tintenfisch ist eine kulinarische Alternative für die weniger Experimentierfreudigen. Serviert wird nicht, die Getränke und die Ricci holt man sich selbst und sucht sich einen Platz – ein italienischer Biergarten halt!

Lido con Parcheggio Custodito,
C. da Forcatella
Savelletri – Torre Canne
Tel: 0039 0347 5603024
Täglich 7.30 Uhr – open end

Olivenöl

Neben Ligurien und der Toskana gehört Apulien zu den Hauptregionen der Olivenöl-Produktion. Fast ein Viertel seiner Fläche ist mit Olivenhainen überzogen. Zu den lokalen Olivensorten gehören Cima di Bitonto, deren Bäume gestutzt sind und wie Trauerweiden aussehen, die Sorte Coratina und die prächtige Cima di Mola. Im November/Dezember werden die reifen Früchte geerntet – und zwar von Hand, denn nur unversehrte Früchte bieten höchste Qualität. Auf die wird in Apulien immer stärker geachtet, auch auf biologischen Anbau, natürliche Schädlingsbekämpfung und schonende Verarbeitung. So entsteht, neben anderen Spezialitäten wie dem jungen frischen Olivenöl, das Olio extra vergine d'olivia, das Öl der Extraklasse. Als die Europäische Kommission 1996 erstmals ihr Ursprungssiegel, das Qualität, Geschmack und lokale Herstellung garantiert, vergeben hat, war unter den fünf ausgezeichneten auch das apulische Öl Colline di Brindisi.

Frantoio Fratelli Galantino

Einige der besten Olivenöle der Region kommen aus der Mühle von Michele Galantino. Die aufmerksame Pflege der Bäume, ihr behutsamer Schnitt und die sorgsame Ernte der Oliven sorgt für hochkarätige Produkte – und zahlreiche Auszeichnungen. Seit 1926 stellt die Familie Galantino ihr Olio extra vergine her, seit 1985 vertreibt sie es weitweit. Heute verarbeitet die Ölmühle außer ihren eigenen die Oliven von 2000 weiteren Produzenten. Alle Früchte sind handgepflückt und -verlesen, werden auf steinernen Mühlrädern zerkleinert, kalt ausgepresst und zentrifugiert. Eine besondere Spezialität: ihr nach uralter apulischer Tradition hergestelltes Öl L'Affiorato, was übersetzt „Das Aufgetauchte" heißt. Noch bevor die Oliven gepresst werden, schöpft man die auf dem Olivenbrei entstehenden Ölseen per Hand ab. Das Ergebnis: ein kostbares, fruchtiges und feines Öl, das im Abgang nach Mandeln schmeckt – und dafür seit 1997 gleich sechsmal ausgezeichnet wurde. 500 ml kosten circa 14 Euro .

Via Corato Vecchia, 2, 76011 Bisceglie
Tel: 0039 080 3921320
www.galantino.it
Montag – Freitag 9.00 – 13.00 Uhr
und 16.00 – 19.00 Uhr,
Samstag 9.00 – 13.00 Uhr

Marcinase

Das Olivenöl von Marcinase ist das beste biologische Olivenöl Apuliens. Es hat mehrere Preise bekommen und wurde auch vom „Feinschmecker" in Deutschland in die Runde der Besten aufgenommen. Die schädlichen Insekten, Hauptfeind Nummer eins, werden mittels eines Fischsuds geködert und auf natürliche Weise von den Oliven ferngehalten. Die Ernte wird per Hand durchgeführt und binnen 24 Stunden mit einem alten Mühlstein gemahlen und durch die traditionellen runden Matten gepresst. Gelagert wird das junge unfiltrierte Öl in Behältern, die das Oxidieren und die Säureentwicklung verhindern. Erst bei Eingang einer Bestellung wird das Öl in Flaschen oder Kanister abgefüllt. Drei Sorten Cima di Bitonto und Coratina Olive sind auf dem Markt: mild, mittel, intensiv-fruchtig.

Azienda Agricola Ing. Gregorio Minervini
Via Cifariello 17
70056 Molfetta
Tel: 0039 080 3974369

WOCHENMÄRKTE

Markt Rutigliano

Der Markt in Rutigliano ist einer der schöneren Wochenmärkte der Region. Er liegt noch in der Altstadt und wurde nicht wie so viele andere an den modernen Stadtrand verlegt, um bequemer mit dem Auto erreichbar zu sein. Auf großer Fläche kommen die Gemüsehändler der ganzen Region zusammen und bieten ihre Ware zu sagenhaft günstigen Preisen an. Lebensmittel, Haushaltswaren und Mode sind klar voneinander getrennt und unterstützen die gute Atmosphäre.

In der Altstadt um die Piazza:

Montag Vormittag; am ersten Sonntag im Monat ist dort ein Flohmarkt.

Weitere Wochenmärkte in der Region:

Dienstag: Monopoli, Noci
Mittwoch: Putignano
Donnerstag: Polignano a Mare
Freitag: Locorotondo

WEIN IM SALENTO

Apulien ist mit Sizilien der größte Weinlieferant Italiens. Doch Quantität bedeutet selten Qualität, und man muss schon an der Massenproduktion vorbei genau hinschauen, wo sich die gut sortierten Weinkeller befinden. Die klimatischen Bedingungen in Apulien sind nahezu ideal, die weichen Hügel lassen sich leicht bearbeiten, und es gibt einheimische Rebsorten wie den Negroamaro. Die bekannteste jedoch ist der Primitivo, der aber selten international in der höchsten Liga zu finden ist, und auch in den günstigen Preislagen mit einem sehr üppigen und samtigen

Aroma punkten kann. Die „Uva di troia" stammt ursprünglich aus Griechenland und gibt der Weingegend um das Castel del Monte, die zu den besten Apuliens zählt, eine eigene Note.

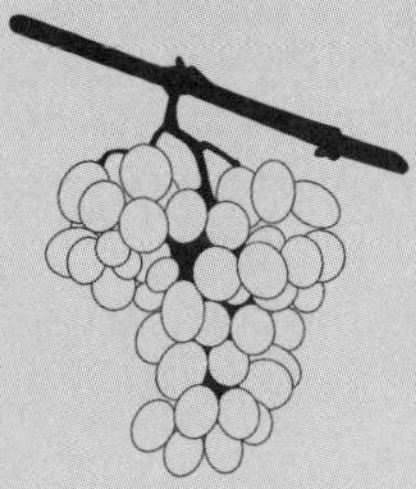

Die wichtigsten Trauben

Primitivo

Fruchtiges Aroma von Pflaume bis roter Beere, leicht orientalisch-würzig in die Richtung von Zimt. Die Rebsorte entwickelt stärker Zucker, und infolgedessen hat der Wein mit 13–15 % einen größeren Alkoholgehalt. Die Rebsorte Zinfandel, in Kalifonien bekannt und sehr beliebt, ist der Primitivo-Rebe sehr ähnlich, deshalb vermarkten einige Winzer den unbekannteren Primitivo auch unter Zinfandel. Der Primitivo ist weitaus jünger als der Negroamaro, seine Rebe wird erst seit 200 Jahren in Apulien angebaut.

Negroamaro oder Negramaro

Eine kräftige, jahrtausendealte süditalienische Traube. Die Farbe ist granatrot und das Aroma von Kirsche und schwarzer Johannisbeere abgerundet und leicht trocken. Der reinsortige Anbau wird immer populärer, wurde früher häufig verschnitten für Cuvée-Weine.

Malvasia nera di Lecce

Rubinrote Farbe, harmonisch kräftig mit einem hohen Zuckeranteil, aber wenig Säure. Diese Traube liefert recht schwache Erträge, rundet als Verschnitt den Negroamaro harmonisch ab.

Aleatico

Weich, samtig und lieblich. Eine Verwandte der Muskateller-Rebe. Sie wird oft für Süßweine eingesetzt. Eine Rebsorte, die auf der ganzen Welt Verbreitung findet.

Hinweis: Die hübscheste Weingegend ist die um Locorotondo, bekannt für ihren Weißwein. Auf sanften Hügeln zwischen weißen Mauern schlängeln sich kleine Straßen. Leider ist es in Apulien noch nicht wie im Piemont oder in der Toskana üblich, auf den Weingütern Weinproben anzubieten. Selten gibt es einen Direktverkauf, deshalb lohnt es sich auch nicht, von Weingut zu Weingut zu fahren, um hier und da etwas zu probieren.

Die interessantesten Weingüter:

Masseria Li Monaci
Severino Garofano gehört zu den bekanntesten Winzern Apuliens mit großem Know-how, das sich in seinen Weinen wiederfindet.

www.garofano.aziendamonaci.com

Candido San Donaci
Besonders stark in den Negroamaro-Weinen, die ein kräftiges, beeriges Aroma haben.

www.candidowines.it

Leone de Castris
Geschätzt für seine Rosatos, Roséweine.

www.leonedecastris.com

Racemi
Die exzellenten Primitivo-Weine der Perucci-Familie haben einen guten Ruf, der weit über Apulien hinausgeht.

www.racemi.it

Conti Zecca Leverano
Ein verlässlich gutes Weingut, das über Jahre nie enttäuscht hat.

www.contizecca.it

Fatalone
Eigensinnige Weine, rauchig, dunkel und wuchtig herb.

www.fatalone.it

Agricole Vallone
Üppige Rotweine, die gekonnt die samtene Wärme der apulischen Erde wiedergeben.

www.agricolevallone.it

AUSFLUG NACH OSTUNI

Die Città Bianca erblickt man schon von Weitem. 218 Meter hoch liegt die „weiße Stadt", erstreckt sich über drei Hügel und verdankt ihren klangvollen Beinamen den einheitlich gekalkten Häusern, die weit über die Ebene leuchten. Bis ins 3. Jh. v. Chr. war sie von Messapiern besiedelt, wurde dann von Hannibal zerstört und von den Griechen wieder aufgebaut. Doch nicht nur die engen, weiß getünchten Gassen erinnern an Griechenland, auch der Name ist von dort abgeleitet – „Astu néon“ bedeutet „neue Burg“ – und ihr befestigter Stadtkern ist bis heute erhalten. Ein Spaziergang durch Ostunis verwinkelte Altstadt (achten Sie dabei auf die zentimeterdicke Kalkschicht der Hauswände) und die vielfältigen Blicke auf die Ebene sind allemal einen Besuch wert – auch wenn das Angebot an charmanten Restaurants und interessanten Geschäften immer noch bescheiden und alles auf einen eher einfachen Tourismus ausgelegt ist.

Essen:
Mozzarella & Co. – schön für einen Snack zwischendurch.
Piazza della Libertà, 11, Ostuni

Amado mio –
das beste Eis in der Stadt.
Largo Lanza, 27, Ostuni
www.amadomio.it

Shop:
IJO' design – Home- und Mode-Accessoires (schöne Schals) der apulischen Designerin Annalisa Surace.
Via Cavallo, 9–11, Ostuni
www.ijodesign.com

MATERA ALS FILMKULISSE

Kein Wunder, dass die spektakuläre Kulisse Materas bereits in mehreren Filmen eine tragende Rolle spielte: 1964 drehte Pier Paolo Pasolini dort sein gefeiertes Jesus-Epos „Das 1. Evangelium – Matthäus“, Francesco Rosi ließ Carlo Levis berühmten Faschismus-Roman „Christus kam nur bis Eboli“ 1979 an Originalschauplätzen spielen. 2004 verwandelte Mel Gibson die Sassi-Viertel für sein umstrittenes Werk „Die Passion Christi“ in die Bibelstadt Jerusalem. Über Monate stapelten sich in den kühlen Höhlenkirchen Konserven mit Filmblut, waren Einheimische mit ihrer Rolle als Statisten beschäftigt, belagerten Hunderte Filmschaffende die Stadt – und bis heute erinnern sich nicht wenige Bewohner nur ungern zurück.

Friedrich II.

Stupor mundi, „Einer, der die Welt erstaunt“, nannten die Apulier ihren Stauferkönig Friedrich II. (1194–1250). Denn für das Hohe Mittelalter war er ein wirklich außergewöhnlicher Mensch. Leidenschaftlich förderte er die Kunst und die Naturwissenschaften, seine Gesetzgebung war so modern wie liberal – und sein Lebensstil auch. Er schlug nicht nur eine Brücke zwischen Morgen- und Abendland und pflegte Freundschaften zu heidnisch geltenden Arabern, sondern übernahm auch deren Lebensstil, scherte sich nicht um die Monogamie und genoss einen eigenen Harem. Auch deshalb verfolgte, bedrohte und exkommunizierte der Vatikan ihn. Doch die Ermahnungen stießen auf taube Ohren, denn er sah sich als freier Mensch und lehnte es kategorisch ab, sich dem Willen der Päpste zu beugen. Bis heute prägt seine Hinterlassenschaft Süditalien. Viele Plätze und Straßennamen erinnern an den deutschen Erbkönig, der seine Wahlheimat innig liebte und bis heute als „Kind Apuliens“ verehrt wird. Allerorts stehen Burgen, von denen er über 200 bauen ließ – zur Sicherheit für sich und seinen Eigensinn.

Padre Pio

Padre Pio (1887–1968) ist in Apulien ein stetiger Begleiter. Porträts von ihm hängen in Cafés und Pizzerien, Straßen sind nach ihm benannt und ebenso Kekse, Pralinen, Schokolade und Brot, jede Menge Devotionalien, Kapellen und Kirchen, allen voran das Gotteshaus San Pio da Pietrelcina. Stararchitekt Renzo Piano entwarf es 1991 in dem kleinen apulischen Städtchen San Giovanni Rotondo, wo Padre Pio lange Zeit predigte – und 1968 starb. 2002 sprach Papst Johannes Paul II. den Kapuziner und Priester, Wunderheiler und Propheten heilig. Ein mutiger Schritt, denn der Katholik war zeitweise so umstritten, dass die Kirche ihm verbot, sich in der Öffentlichkeit zu zeigen. Es war ihr nicht geheuer, dass an Brust, Händen und Füßen des Padre wiederholt Wundmale auftraten, ganz wie die von Jesus Christus. Die Kirche ordnete medizinische Untersuchungen an, bezweifelte die Echtheit der Male, die bis heute Anlass zu wilden Spekulationen geben. Während treue Anhänger die Wunden auf Padre Pios intensives Erleben der Leiden Christi zurückführen, behaupten Skeptiker, es seien nur Hautrötungen gewesen, die er sich mit ätzenden Substanzen absichtlich zugefügt habe. Seiner Popularität schadete das nicht. Zu Lebzeiten strömten die Pilger in seine Gottesdienste, und als er mit 81 Jahren starb, kamen 100 000 Menschen, um ihm die letzte Ehre zu erweisen. Anfang 2008 wurde sein Leichnam exhumiert und zum 40. Todestag aufgebahrt. Der Gedenktag Padre Pios ist der 23. September.

MEINE PERFEKTE WOCHE

Montag:

Dienstag:

Mittwoch:

Donnerstag:

Freitag:

Samstag:

Sonntag:

NOTIZEN

NOTIZEN

NOTIZEN

NOTIZEN

NOTIZEN